Erwin Lutzer

Sieben Gründe, warum ich der Bibel vertrauen kann

Erwin Lutzer

Sieben Gründe warum ich der Bibel vertrauen kann

1 logische
2 historische
3 prophetische
4 christus-zentrierte
5 wissenschaftliche
6 göttliche Vorsehung
7 persönliche

An deinen Satzungen habe ich meine Lust.
Dein Wort vergesse ich nicht.
Psalm 119,16

Bibelstellen, soweit nicht anders erwähnt,
zitiert nach der Revidierten Elberfelder Übersetzung.

Lutzer, Erwin W.:
Sieben Gründe, warum ich der Bibel vertrauen kann

ISBN 3-89436-262-6

Titel des amerikanischen Originals:
Seven Reasons Why You Can Trust The Bible

Übersetzung: Christiane Eichler, Köln
Satz: Enns Schrift & Bild, Bielefeld
Umschlaggestaltung: Eberhard Platte, Wuppertal
Druck: Elsnerdruck, Berlin

Printed in Germany

Inhalt

Vorwort

Seine Voraussage war sowohl aufsehenerregend als auch zutreffend. T. H. Huxley, ein mit Darwin befreundeter Biologe, schrieb im Jahr 1890, dass er den Tag voraussehe, an dem *der Glaube sich von den Tatsachen lösen würde, um dann für immer triumphieren zu können.* Natürlich müssen er und seine Freunde einen solchen Glauben als einen schlechten Witz empfunden haben, denn dann wäre es jedem Einzelnen überlassen, sich den »Glauben« auszusuchen, der ihm oder ihr gefällt. Solange niemand fragen würde, ob dieser Glaube denn wahr sei, kann es demnach so viele verschiedene Glaubensrichtungen auf der Welt geben wie es Menschen gibt!

Huxley's Tag ist gekommen.

Hören Sie sich die Talkshows an, lesen sie die Editorials der Zeitschriften, bringen Sie sich auf den neuesten Stand der Bestseller über Religion und Philosophie, und sie werden zu der erstaunlichen Erkenntnis kommen, dass die Religiosität unserer Tage mit Fakten nichts mehr zu tun hat. Man kann glauben, was immer man möchte, ganz gleich wie widersprüchlich oder absurd es auch sein mag. Jeder Standpunkt ist genauso gültig wie der des anderen, da er aus den eigenen Gefühlen entspringt. Der Glaube kann wahrlich »für immer triumphieren.«

Im 19. Jahrhundert kam Alexis de Tocqueville, ein französischer Kommentator, in die USA und hat schon damals beobachtet, das es für viele Amerikaner das Ziel war, »selbst und in sich selbst nach dem Ursprung aller Dinge zu suchen. ... *Deshalb ist jeder in sich selbst eingeschlossen, und wagt aufgrund dieser Überzeugung den Versuch, die Welt zu beurteilen.*« Wenn das schon im 19. Jahrhundert galt, wie viel mehr heute! So wird das, was jemand für wahr hält, für sie oder ihn zur Wahrheit.

Offensichtlich liegen finstere Zeiten vor der gläubigen Gemeinde, weil das Christentum nicht mehr den Grundkonsens unserer Gesellschaft bildet. Die Freiheiten, die uns das Christentum gebracht hat, werden vor unseren Augen zerstört. Wir leben in einer Zeit, in der humanistisches Denken seine letzte Konsequenz im Bereich der Moral, der Erziehung und des Gesetzes erricht. Wenn wir diesem Angriff widerstehen wollen, dann müssen wir unverrückbar davon überzeugt sein, dass wir eine Botschaft von Gott haben, ein sicheres Wort, »das in der Finsternis leuchtet.« Wie Francis Schaeffer uns gesagt hat: nur eine feste Überzeugung von der Wahrheit der Schrift kann dem machtvollen Druck des relativistischen Denkens widerstehen.

Viele von uns sind noch in eine Kultur hineingeboren, in der die Bibel wenigstens respektiert wurde, wenn ihr nicht sogar geglaubt und nach ihr gelebt wurde. Sogar Diejenigen, welche die Bibel nicht anerkannten, waren der Meinung, dass es wichtig sei zu wissen, ob die Bibel wahr ist oder nicht, denn ihnen war die Wahrheit noch wichtig. Die Wahrheit ist etwas, so war die allgemeine Überzeugung, das nicht aus uns selbst stammt, sondern das durch rationale Überlegungen und Beweise zu entdecken ist.

Heute ist all dies verloren. Fast niemand fragt, ob ein Glaube wahr ist, sondern es geht darum, ob er »für mich eine Bedeutung hat.« Deshalb finden wir uns in einem Wirbelsturm einander widersprechender Aussagen, und Millionen von Leuten haben überhaut nicht das Verlangen, Wahrheit von Unwahrheit oder Fakten von Fiktion zu unterscheiden. Wir sind von der Überzeugung, dass jeder das Recht auf eine eigene Meinung habe, zu der absurden Vorstellung gelangt, dass jede Meinung gleich »richtig« ist. Religion ist Privatsache; und Glaubenssätze werden angenommen oder abgelehnt, wie es dem Einzelnen gerade passt.

Wenn die Bibel, die doch in dem Boden der Geschichte und der Logik wurzelt, entweder abgelehnt wird oder aber so uminterpretiert wird, dass sie auf jeden Glauben passt, dann muss jeder selbst die Antwort auf die wichtigsten Lebensfragen finden. Weil es keinen Schiedsrichter gibt, der die verschiedenen Glaubenssysteme beurteilt, wird das Spiel des Lebens so gespielt, dass jeder sich seine eigenen Regeln erfindet. Als Ergebnis zappeln sich die Kirchen ab und suchen nach einer Antwort auf die geistlichen und moralischen Probleme unserer Zeit. Wenn wir den Leuten erzählen, dass wir zur Bibel zurückkehren, dann werden wir mitleidig angeschaut, als Menschen abgetan, die zwar ehrlich sind, aber die vom Zeitgeist längst überholt sind.

Dieses Buch wurde in der tiefen Überzeugung geschrieben, dass wir heute keine moralische Schlacht schlagen. Es geht nicht allein um die Verbreitung von Pornografie, die Entheiligung unseres Erziehungssystems oder um Abtreibung auf Verlangen. All dies sind nur Symptome dafür, dass wir die tieferen Fragen nicht mehr ansprechen: *Hat uns Gott eine vertrauenswürdige Offenbarung gegeben, die uns sagt, wie wir mit ihm versöhnt werden können?* Ist die Wahrheit etwas, das ich mir nach Belieben zurechtbiegen kann, oder gibt es einen objektiven Maßstab dafür, dass etwas richtig ist? Gibt es religiöse Überzeugungen, die wirklich auf Fakten basieren, einen Glauben, der die Wirklichkeit widerspiegelt? Mit anderen Worten, gibt es offenbarte Wahrheiten, die auf *Gott* beruhen?

Dieses Buch legt sieben Gründe dar, warum ich der Meinung bin, dass wir der Bibel vertrauen können. Wenn die Bibel auf Fakten basiert, dann haben wir in unserer gegenwärtigen Krise der Religion und Moral Hoffnung. Wenn nicht, dann müssen wir wie der moderne Mensch verzweifeln, der glaubt, dass es keine universellen Wahrheiten gibt. Wir sind dann auf uns selbst zurückgeworfen, auf unsere Ahnungen, Vorlieben und privaten Interpretationen unserer eigenen Bedeutungslosigkeit. Woody Allen spricht für viele Menschen in diesem nachchristlichen Zeitalter: »Mehr als zu allen anderen Zeiten in der Geschichte steht die Menschheit an einem Kreuzweg. Ein Weg führt in die Verzweiflung und ausgesprochene Hoffnungslosigkeit. Der andere zur endgültigen Auslöschung. Wir sollten beten, dass wir die Weisheit haben, richtig zu wählen. Ich spreche übrigens nicht vom Gefühl der Vergeblichkeit, sondern bin überzeugt, dass unsere Existenz absolut bedeutungslos ist – eine Überzeugung, die in mir Panik auslöst.«[1]

Wenn es überhaupt eine gute Nachricht gibt, dann wird sie von Christen kommen müssen, die wissen, was sie glauben, und warum sie es glauben. Wir sind aufgerufen, die Botschaft der Hoffnung mitten in die Verzweiflung zu tragen. Wir sind aufgerufen, wenn nötig für die einzige Wahrheit zu leiden, die als Licht die Finsternis erhellt. Ohne unseren festen Glauben an die Schrift werden wir einfach nicht in der Lage sein, gegen die vordringende Finsternis zu bestehen. Francis Schaeffer hat uns schon vor vielen Jahren gesagt: »Das ist das große Desaster der Evangelikalen – dass die evangelikale Welt nicht mehr für die Wahrheit als Wahrheit eintritt. Es gibt dafür nur ein Wort, nämlich Anpassung. Die evangelikalen Gemeinden haben sich dem Weltgeist dieses Zeitalters angepasst.«[2]

Dieses Buch ist auch Teil einer persönlichen Reise. Seit mehr als fünfundzwanzig Jahren habe ich die Bibel gelehrt, darüber gepredigt und versucht – wie unvollkommen auch immer – danach zu leben. In meiner Jugendzeit habe ich mehrere Bücher des Neuen Testamentes auswendig gelernt, weil ich der Überzeugung war, dass sie das Wort Gottes sind. Mit der weitverbreiteten Ablehnung der Bibel in unserer Kultur brauchte meine Hingabe an die Bibel neue Bestätigung. Ich bin aus diesem Studium sicherer als je hervorgegangen, dass Gott zu uns gesprochen hat. Er hat nicht nur gestammelt. Wir haben ein Wort von jenseits des Universums, einen Liebesbrief eines persönlichen Gottes.

Ich lade Sie auf meine Reise ein. Lassen Sie uns zu den Fundamenten zurückkehren, zu den grundlegendsten Fragen, die ein menschliches Wesen stellen kann: *Hat Gott geredet?* Gibt es überzeugende Gründe zu glauben, dass wir seine Offenbarung in Händen halten?

Gibt es einen Glauben, der auf Tatsachen gründet?

Lassen Sie uns die Beweise gemeinsam erforschen.

Anmerkungen

1 Woody Allen, »A drift Alone in the Cosmos«, *New York Times*, 10. Aug. 1979.

2 Francis A. Schaeffer, The Great Evangelical Disaster. Westchester, Ill: Crossway 1984, S. 37.

Einführung

Auf Gottes Reden warten
»Sprich mit mir!«

Der schwedische Regisseur Ingmar Bergman flüsterte diese Worte, als er an einem Bild Christi in einer Kathedrale stand. Er wartete, doch nur tödliches Schweigen umgab ihn.

Diese Erfahrung, so wurde mir berichtet, war die Anregung zu Bergmans Film »Das Schweigen«, in dem Menschen gezeigt werden, die verzweifelt Gott suchen. In unserer Welt, so schloss er, hören wir nur uns selbst. Keine Stimme erreicht uns von jenseits des Universums. Wenn wir nach einem Wort Gottes suchen, so begegnet uns nur tote Stille.

Bergmans Geschichte erinnert mich an einen Freund, welcher der festen Überzeugung ist, dass Gott nicht zu uns gesprochen hat. Er war etwas verwirrt, als ich ihm sagte, dass eigentlich nur Jesu Meinung vom Himmel und Hölle zählen würde. »Warum sollte ich akzeptieren, was die Bibel sagt?«, fragte er. »Die Bibel ist von Menschen geschrieben, und außerdem, *wer hat denn eigentlich bestimmt, welche Bücher dazugehören sollen und welche nicht?«*

Ich will nicht die intellektuellen Probleme herunterspielen, welche die Bibel für diesen Studenten aufgeworfen hat, doch ich wusste auch, dass er, wenn er der Bibel glauben würde, sein Leben gründlich würde ändern müssen. Ich hatte den Eindruck, dass er nicht nur nicht glaubte, dass die Bibel Gottes Wort ist, sondern dass er nicht glauben *wollte.*

Warum sollte man glauben, dass die Bibel ein Buch von

Gott ist? Unsere Kultur bietet uns eine große Auswahl an religiösen Angeboten und will uns einreden, dass sie sich nur in unwesentlichen Punkten voneinander unterscheiden. Wir werden zu diesem Buffet eingeladen, um uns zu bedienen – mit dem, was uns gerade »für uns richtig« erscheint. Schon die Vorstellung, dass es ein Buch von Gott geben könnte, das alle anderen religiösen Auffassungen beurteilt, wird als engstirnige Bigotterie abgetan.

Trotz dieses kulturellen Drucks beansprucht das Christentum, eine besondere Offenbarungsreligion zu sein. Das unterscheidet sie von den Religionen, die wir naturalistisch nennen könnten. Hinduismus, Buddhismus und eine große Zahl an sogenannten New Age-Angeboten basieren auf den Eingebungen von Gurus, Propheten und »erleuchteten« Meistern, die angeblich mehr Einsichten haben als die Normalsterblichen. Diese Lehren, die auf inneren Erfahrungen und persönlichen Erlebnissen basieren, sind in weitem Maße abhängig von den subjektiven Gefühlen der Lehrer. Kein Wunder, dass die Religionen der Welt uns ein solch widersprüchliches Bild bieten.

Natürlich gibt es auch nichtchristliche Propheten, die behaupten, sie hätten Botschaften von Gott empfangen. Ob es um Mary Baker Eddy, Mohammed oder Joseph Smith geht, alle behaupten, dass Gott unmittelbar mit ihnen gesprochen hätte. Verständlich, dass Menschen, welche die religiöse Landschaft betrachten, verwirrt sind. Einige haben ihre Suche nach Wahrheit aufgegeben und sind zu der Ansicht gelangt, dass es keinen einzelnen richtigen Weg gibt, und keinen objektiven Kanon religiöser Wahrheiten.

Wir müssen uns daran erinnern, dass Offenbarungen von Gott geprüft werden müssen, und zwar auf ihre Widerspruchsfreiheit, ihre Echtheit und ihre Wahrheit. Wenn Gott gesprochen hat, dann sollten wir erwarten, dass eine solche Botschaft einer ernsthaften Untersuchung standhält. Sie muss über den konkurrierenden Meinungen stehen. Sicherlich sollte eine solche Offenbarung von fairen Wissenschaftlern und ehrlichen Zweiflern nichts zu befürchten haben, wenn sie bestrebt sind, die Glaubwürdigkeit der Botschaft zu prüfen.

Das Christentum behauptet, dass Gott Wahrheiten über sich selbst offenbart hat, die kein noch so erleuchteter Prophet jemals selbst hätte entdecken können. Christen behaupten, dass Gott persönlich uns einen Brief geschrieben hat – sicherlich in menschlicher Sprache – doch sind es seine Worte. Das Buch namens Bibel behauptet, uns in einen metaphysischen Bereich zu führen (einen Bereich außerhalb des sinnlich Wahrnehmbaren), in den kein menschlicher Geist ohne Hilfe von Außen vordringen kann. Ja, sie behauptet, uns einzigartige Informationen über Gott und sein Verhältnis zur Welt zu geben. Hier finden wir endlich einige Antworten auf die großen Rätsel unseres Lebens. Wenn die Bibel eine Botschaft von Gott ist, dann können wir sagen: »Wenn die Bibel es sagt, dann sagt Gott es.«

Selbst wenn die Bibel nur einen absoluten Wertmaßstab beinhalten würde, müßte dieses Buch von Gott kommen. Der Philosoph Ludwig Wittgenstein glaubte nicht an die Bibel, doch er wusste, dass wir als endliche menschliche Wesen keinen absoluten Wertmaßstab entwickeln können. Er sagte, dass, wenn überhaupt ein absoluter ethischer Maßstab existiert, dieser von einem Wesen entwickelt werden müsste, das vom Universum unabhängig ist. Er schrieb: »Wenn jemand ein Buch über Ethik schreiben könnte, das wirklich ein Buch über Ethik wäre, dann würde dieses Buch alle Bücher dieser Welt mit einem Schlag vernichten.«[1] In diesem Buch versuche ich zu zeigen, dass die Bibel ein verlässliches Buch zum Thema Gott, Mensch, Erlösung und auch Ethik ist. *Sie vernichtet wahrlich mit einem Schlag alle anderen Bücher der Welt!*

Hier sind einige Fragen, auf welche die Bibel Antwort gibt: Gibt es ein Leben nach dem Tod? Wenn ja, was erwartet uns im Jenseits? Können wir sicher sein, dass wir die Ewigkeit bei Gott zubringen? Wird unsere Zukunft besser als die Vergangenheit sein? Wie können wir am besten die Freuden und Leiden unseres gegenwärtigen Lebens deuten? Und besonders wichtig: »Liebt Gott die Welt oder sollten wir grausame Naturkatastrophen und menschliches Leiden als Beweis deuten, dass er letztlich unseren Anliegen doch sadistisch und gleichgültig gegenübersteht?

Nun, wenn Gott *nicht* gesprochen hat, wenn wir auf diesem kosmischen Staubkorn im All wirklich alleine sind, dann müssen wir das Beste aus diesem Kosmos machen, wie wir ihn vorfinden. Wir sollten dann nicht vor den beängstigenden Schlussfolgerungen zurückschrecken, die sich uns aufdrängen. In einer Welt, in der es kein Leben nach dem Tod gibt und alles eines Tages zerstört wird, müssen wir dem Atheisten Bertrand Russell recht geben, dass in einer solchen Welt alles sinnlos ist. Es gibt keine Gerechtigkeit, und unser Verlangen nach einem Sinn muss unterdrückt werden. Wie Woody Allen gesagt hat: »Wir haben keine spirituelle Mitte. Wir treiben einsam im Kosmos.«

Friedrich Nietzsche, der Deutschland durch seinen Glauben an den Übermenschen auf Hitler vorbereitet hat, sagte über Gott: »Wir haben ihn ermordet, doch wer wird das Blut von unseren Händen waschen?« Ja, wenn Gott entweder nicht existiert oder aber sich grundsätzlich unserer Erkenntnis entzieht, dann haben wir keine Lösung für unsere Schuld oder für die Sinnfrage.

Wenn Gott nun aber *doch* geredet hat, dann können wir seine Worte erforschen, seine Handlungsweise studieren und seinen Geboten folgen. Die Bibel ist wirklich wie ein Licht, das in einen muffigen Keller scheint und uns den Weg zu der Tür weist, die ins ewige Leben führt.

Der Zweck dieses Buches

Der Zweck dieses Buches ist es, Gründe zu nennen, warum ich glaube, dass Gott uns eine schriftliche Offenbarung gegeben hat. Kurz gesagt werde ich zeigen, dass die christliche Überzeugung, dass die Bibel Gottes Wort ist, vernünftig ist. Diese Beweise stehen der Überprüfung offen, sie laden zur Diskussion ein.

Wenn Sie schon an die Bibel glauben, dann wird dieses Buch ihren Glauben untermauern. Wenn Sie ein aufrichtig gesinnter Skeptiker sind, dann wird es ihre Auffassung von einem Buch in Frage stellen, das auf die Weltgeschichte einen ungeheuren Einfluss ausgeübt hat. Ob Sie wollen oder nicht, die Bibel ist kein Buch, das man einfach ignorieren kann.

Kann ich »beweisen«, dass die Bibel Gottes Wort ist? Die Antwort hängt davon ab, wie Sie sich denken können, was Sie unter »Beweis« verstehen. Ganz gleich, welche Beweise gebracht werden, es muss immer noch Raum für den Glauben bleiben – sicherlich für einen vernunftbegründeten Glauben, aber immer noch Glauben. (Da die Frage des »Beweises« und der »Sicherheit« eine besondere Erklärung braucht, spreche ich dieses Thema ausführlicher im Abschnitt »Denkanstoß« von Kapitel 1 an.)

Ein Freund erzählte mir, er hätte ein wunderschönes Haus gegenüber dem Mont Blanc gesehen, das an der Grenze zwischen Frankreich und der Schweiz steht. Ihn verwirrte jedoch, dass die Fenster, die auf den wunderschönen Berg gerichtet waren, immer durch Fensterläden verschlossen waren. Ganz gleich, wie erstaunlich die Bibel ist, sie wird diejenigen nicht ansprechen, die sie nicht ehrlich hören. Letztendlich kommt es darauf an, ob wir bereit sind, die Fensterläden aufzustoßen und zu sehen, was uns vor Augen steht.

Angesichts des Angriffes des modernen Zeitgeistes, der

die Vorstellung, dass die Bibel maßgebliche Bedeutung für den Alltag hat, immer weiter zerstört hat, rechne ich damit, dass diese rigorose Überprüfung und Neuformulierung meines Vertrauens auf die Schrift Diskussionen auslöst und Vertrauen erweckt. Ich bete, dass die unter uns, welche die Bibel schon lieben, sie noch mehr lieben werden, und diejenigen, die ihr aus welchen Gründen auch immer misstrauen, zu der Überzeugung geführt werden, dass Gott uns wirklich sein Wort gegeben hat, auf das wir vertrauen können. Ich bin dankbar dafür, dass wir im Kosmos nicht allein sind.

Ich habe sieben Gründe ausgewählt, warum ich glaube, dass wir der Bibel vertrauen können. Sicherlich gibt es noch viel mehr Argumente, die man untersuchen könnte. Ich habe diejenigen ausgesucht, die mir am wichtigsten erscheinen, und dem modernen Denken am leichtesten zugänglich sind. Ich versuche Fragen wie die folgenden zu beantworten:

- Ist es nicht unlogisch zu sagen, dass die Bibel Gottes Wort ist, nur weil sie selbst es behauptet?
- Können wir der Geschichte der Bibel vertrauen?
- Wie steht es um die Wunder?
- Warum sind die Rollen vom Toten Meer wichtig?
- Können wir den Prophetien der Bibel vertrauen?
- Kann es nicht sein, dass die Jünger die Geschichten um Jesus nur erfunden haben?
- Widerspricht die Wissenschaft nicht der Bibel?
- Wer hat entschieden, welche Bücher zur Bibel gehören, und wann wurde diese Entscheidung getroffen?
- Was ist mit dem Thomas-Evangelium und anderen apokryphen Büchern?
- Welchen Nutzen hat das Bibelstudium?

Wir werden versuchen, diese und andere Fragen auf unserem Weg zu beantworten. Vielleicht sind Sie erstaunt über die Gründe, warum wir so sicher sein können, dass die Bibel ein einzigartiges Buch ist, das in den Gedanken Gottes geboren wurde. Im Gegensatz zu allen anderen Religionen der Welt hat nur das Christentum ein Buch mit einem Zweck. Nur ein persönlicher Gott kann wirklich unser Leben verändern.

Ich finde nicht alles gut, was Oliver Wendell Holmes geschrieben hat, aber ich finde seine Beschreibung der Wahrheit eindrücklich: »Die Wahrheit ist zäh. Sie wird nicht wie eine Seifenblase platzen, wenn man sie berührt. Nein, Sie können sie wie einen Fußball den ganzen Tag über den Fußballplatz schießen, und am Abend wird sie immer noch rund und prall sein.«[2]

Und so lade ich Sie ein, mit mir auf eine Reise zu gehen, auf der wir die Bibel mit kritischen Augen überprüfen werden um festzustellen, ob sie Kennzeichen übernatürlicher Offenbarung trägt. Lassen Sie uns alle Indizien prüfen, bereit zu lernen, zu fragen, zu untersuchen und zu beurteilen. Ich verspreche ihnen: Die Bibel platzt nicht, und die Wahrheit wird am Abend noch immer intakt sein.

Die zweifache Verfasserschaft verstehen

Wenn Theologen davon sprechen, dass die Bibel Gottes Wort ist, was meinen sie dann damit? Viele Menschen verstehen darunter, dass Gott die Bibel den Verfassern diktiert hat, die nicht viel mehr getan haben, als Wort für Wort niederzuschreiben, was Gott ihnen sagte. Wie eine gute Sekretärin, die es gelernt hat, nach Diktat zu schreiben, waren die Verfasser der Bibel, so meint man, nicht mehr als passive Werkzeuge, während Gott ihnen sagte, was sie zu schreiben hatten.

Das meine ich jedoch *nicht*, wenn ich sage, dass die Bibel Gottes Wort ist. Sogar der oberflächliche Leser wird entdecken, dass die Verfasser der Bibel verschiedene Stile benutzen, ihr Material anders gliedern und sich sogar in ihrer Grammatik unterscheiden. Diese Unterschiede werden noch deutlicher, wenn man die Bibel in den Originalsprachen Hebräisch, Aramäisch und Griechisch liest.

Der Apostel Paulus schrieb sorgfältig komponierte Traktate, bei denen er oft seine eigene Enttäuschung, seine Frustration und sogar seinen Ärger einfließen ließ. Markus benutzte bei seinem Bericht des Lebens Jesu die farbigere Gegenwartsform, als er beschrieb, wie Jesus durch Galiläa zog. Sein Griechisch war so grob, dass es manchmal scheint, dass er eine etwas seltsame Grammatik benutzt, die zweifelsohne seinen Sprechgewohnheiten entsprochen haben muss. Manchmal haben die Verfasser des Neuen Testamentes nur Texte des Alten grob paraphrasiert und sie nicht wörtlich widergegeben. Wenn sie die Zahl von Menschen angaben, die bei einem Unglück umgekommen sind, dann rundeten sie die Zahlen, so wie es auch im modernen Journalismus üblich ist.

Wir können mindestens drei unterschiedliche Ebenen der Inspiration unterscheiden. Z. B. erfuhren die Autoren manches durch *gewöhnliche Mittel.* Lukas schreibt zum Beispiel, dass er ausführlich recherchiert hat, bevor er seinen Bericht über das Leben Jesu schrieb, wie es auch andere getan haben, die Augenzeugen gewesen sind: »Es hat mir auch gut geschienen«, schreibt er, »der ich allem von Anfang an genau gefolgt bin, es dir, vortrefflichster Theophilus, der Reihe nach zu schreiben, damit du die Zuverlässigkeit der Dinge erkennst, in denen du unterrichtet worden bist« (Lk 1,3-4). Vielleicht war er sich noch nicht einmal bewusst, dass er einen Teil der Bibel verfasste, als er seinen Bericht über das Leben und den Dienst Christi schrieb. Er hat einfach aufgezeichnet, was er herausgefunden und was er gesehen hat.

Zweitens *gab Gott den Verfassern Ideen vor, die sie dann mit eigenen Worten ausformulieren durften.* Diese Freiheit ließ Paulus z. B. nicht nur seinen eigenen Stil benutzen, sondern auch von lehrmäßigen auf persönliche Angelegenheiten kommen. In seinem zweiten Brief an Timotheus konnte er voll Autorität darüber sprechen, dass Gott uns schon in der vergangenen Ewigkeit gekannt hat (2Tim 1,9), um später zu sagen: »Den Mantel, den ich in Troas bei Karpus zurückließ, und die Bücher, besonders die Pergamente, bringe mit, wenn du kommst« (2Tim 4,13). Paulus benutzte seinen eigenen Stil, dazu seine Interessen und Fähigkeiten, um Gottes Gedanken Ausdruck zu verleihen.

Dann gibt es aber auch Abschnitte der Bibel, die von Gott *Wort für Wort diktiert* wurden. Mose hat nicht seinen eigenen Stil eingebracht, als er schrieb: »Du sollst keine anderen Götter haben neben mir« (2Mo 20,3). Oft erhielten Propheten wörtliche Offenbarungen von Gott, aber ebenso oft kleideten sie die Botschaft in ihre eigenen Worte. Doch ein Diktat war eher selten und man kann fast immer den Stil des Autors erkennen.

Ein Augenblick der Überlegung wird uns erklären, was in der Geschichte der biblischen Wissenschaft geschehen ist. Wissenschaftsgläubige, welche die Vorstellung scheuen, dass Gott sich auf übernatürliche Weise offenbart hat, folgern, dass die Bibel ein ausschließlich menschliches Buch sei. Sie behaupten, sie sei eine Geschichte des menschlichen Denkens über Gott. Wunder werden als Übertreibung, wenn nicht Mythologie gedeutet. Diese Gelehrten betonen, dass die Bibel von Menschen, und zwar *ausschließlich* von Menschen geschrieben wurde. Manchmal brillant, manchmal langweilig, manchmal genau und manchmal voller Irrtümer, sei die Bibel nichts weiter als eine Geschichte dessen, was die Verfasser für die Offenbarung Gottes hielten. Diesen Gelehrten verdeckt die menschliche Verfasserschaft den göttlichen Ursprung.

Ältere Fundamentalisten und einige wenige Evangelikale sind ins andere Extrem gefallen. Einige haben zumindest versucht, historische und kritische Studien der Bibel in der Furcht zu meiden, dass schon dieser Vorgang die göttliche Verfasserschaft in Frage stellen könnte. Einige wenige hängen sogar der Diktat-Theorie an und lehren, dass die biblischen Verfasser als Stenografen fungiert hätten, die passiv Wort für Wort Gottes Botschaft niedergeschrieben haben. In ihrem Eifer, die Bibel als Wort Gottes zu verteidigen, haben sie es zugelassen, dass der göttliche Ursprung der Bibel die menschliche Seite verdeckt.

Wir können beide Extreme meiden, wenn wir zugeben, dass die Bibel eine *zweifache* Verfasserschaft hat. Sie ist ein Buch, das von Gott *und* von Menschen geschrieben wurde. Gottes Anteil bestand darin, das Schreiben der Bücher zu überwachen und seinen Willen zu offenbaren. Der menschliche Anteil bestand darin, diese Offenbarung in menschlicher Sprache und individuellem Stil niederzuschreiben, so dass Gottes Botschaft für zukünftige Generationen bewahrt wurde.

Doch »irren ist menschlich«, wird uns gesagt, und, weil die Bibel nicht vom Himmel gefallen sei, sondern von menschlichen Wesen geschrieben wurde, müsse sie auch Fehler enthalten. Doch diese Argumentation rechnet nicht mit der Allmacht Gottes. Wenn er zu uns sprechen wollte, dann ist es doch leicht zu glauben, dass er die Verfasser überwachen und inspirieren konnte, seine Offenbarung getreu aufzuzeichnen.

Obwohl wir alle fehlbare Menschen sind, können wir doch unfehlbare Wahrheiten niederschreiben (z. B. »Adenauer war Bundeskanzler der Bundesrepublik«). Im Falle der Bibel wurden solche richtigen Aussagen nicht nur über die Geschichte gemacht, sondern auch in der Theologie und sogar in der Wissenschaft. Es geht hier darum, *dass wir als fehlbare Menschen unfehlbare Aussagen machen können.*

Die Bibel hat eine zweifache Verfasserschaft, genauso wie Jesus zwei Naturen hat. Die christliche Theologie besagt, dass Jesus sowohl ganz Mensch als auch ganz Gott war, dass bei ihm zwei Naturen in einem Wesen verbunden waren. Und genauso, wie Jesus ganz Mensch und trotzdem sündlos war, so ist die Bibel von Menschen geschrieben und doch unfehlbar.

Und wieder können wir sehen, dass liberale Theologen die Menschlichkeit Jesu auf Kosten seiner Göttlichkeit überbetont haben. Sehen Sie nur, wie er müde von der Reise am Brunnen sitzt. Sehen Sie nur, wie er im Schiff schläft, und wie er schreit: »Mich dürstet!« (Joh 19,28) Sicher, sagen die Liberalen, war er ein bedeutender Mann, aber dennoch nicht mehr als ein Mensch.

Interessanterweise lehrte die Kirche in den ersten Jahrhunderten das andere Extrem. Sie vergaß Jesu Menschsein und betonte immer wieder seine Göttlichkeit. Man war der Meinung, dass Gott, wenn er Mensch würde, auch unvollkommen werden müsste. So sagten sie, dass es nur *den Anschein* hatte, als sei er ein Mensch. Seine Göttlichkeit verdrängte sein Menschsein.

Genauso, wie die Menschlichkeit Christi für viele ein Stolperstein ist, die seine Göttlichkeit leugnen, so ist die Menschlichkeit der Bibel für diejenigen, die ihren göttlichen Ursprung leugnen. Doch die Schrift beschreibt, dass Jesus sowohl ganz Gott als auch ganz Mensch war. Ja, auch wenn er müde, bestürzt war oder in Gethsemane litt, war er trotzdem Gott. Und wenn er sagte: »Ehe Abraham war, bin ich« (Joh 8,58), war er dennoch Mensch. *Genauso müssen wir auch die menschliche und göttliche Verfasserschaft der Schrift verstehen.*

Denken Sie einmal über die Ähnlichkeit zwischen Jesus (dem fleischgewordenen Wort) und der Bibel (dem geschriebenen Wort) nach.

- *Beide sind ewig.*
  Von Jesus lesen wir: »Im Anfang war das Wort, und das Wort war bei Gott, und das Wort war Gott« (Joh 1,1).
  Vom geschriebenen Wort lesen wir: »In Ewigkeit, Herr, steht dein Wort fest in den Himmeln« (Ps 119,89).

- *Beide sind vom Heiligen Geist empfangen.*
  Von Jesus: »Der Heilige Geist wird über dich kommen, und Kraft des Höchsten wird dich überschatten; darum wird auch das Heilige, das geboren werden wird, Sohn Gottes genannt werden« (Lk 1,35).
  Von der Bibel: »Niemals wurde eine Weissagung durch den Willen eines Menschen hervorgebracht, sondern von Gott her redeten Menschen, getrieben vom Heiligen Geist« (2Petr 1,21).

- *Beide sind menschlich, und doch fehlerlos.*
  Von Jesus: »Denn wir haben nicht einen Hohenpriester, der nicht Mitleid haben könnte mit unseren Schwachheiten, sondern der in allem in gleicher Weise wie wir versucht worden ist, doch ohne Sünde« (Hebr 4,15).
  Von der Schrift: »Die Schrift kann nicht aufgelöst werden« (Joh 10,35).

- *Beide haben eine einzigartige Autorität.*
  Von Jesus: »Und sie erstaunten sehr über seine Lehre; denn er lehrte sie wie einer, der Vollmacht hat« (Mk 1,22).
  Von der Bibel: »Hört, ihr Himmel, und horch auf, du Erde! Denn der Herr hat geredet« (Jes 1,2).

Kein Wunder, dass Jesus »das Wort Gottes« genannt wird. Johannes beschreibt ihn, wie er zur Erde wiederkehren wird: »Er ist bekleidet mit einem in Blut getauchten Gewand, und sein Name heißt: Das Wort Gottes« (Offb 19,13). Genauso, wie es schwer ist, uns das göttliche Geheimnis der *Menschwerdung* zu erklären, so ist es auch schwer für uns, das Geheimnis der göttlichen *Inspiration* zu erklären. In beiden Fällen hat Gott sich menschlicher Wesen bedient, und in beiden Fällen hat er uns eine Offenbarung geschickt, die sowohl menschlich als auch göttlich ist.

Ein unbekannter Autor hat so sein Lied auf die Bibel gesungen:

> Tief reichen deine Wurzeln, o göttlicher Weinstock
> In unseren irdischen Boden
> Ganz Mensch, und doch ganz göttlich,
> Die Blume der Menschen und Gottes.

In diesem Buch werden wir vor den menschlichen Eigenschaften der Bibel nicht die Augen verschließen, noch werden wir die Beweise für ihre göttliche Verfasserschaft übersehen. Lassen Sie uns mutig bekräftigen, dass Gott, der Mensch wurde, derselbe Gott ist, der gewöhnliche Menschen inspiriert hat, ein sehr ungewöhnliches Buch zu schreiben.

Die Herausforderung, eine Definition zu finden

Ich glaube, dass die Bibel, wie sie in den Originalmanuskripten niedergeschrieben wurde, das unfehlbare Wort Gottes ist. Was heißt das? Und was heißt es *nicht*?

Erstens bedeutet es weitaus mehr, als dass die Bibel nur fehlerlos ist. Ein Historiker kann zwar eine Geschichte Roms schreiben, und sie kann richtig sein, aber er behauptet normalerweise nicht, dass er eine besondere Inspiration von Gott gehabt habe. Die Bibel dagegen ist nicht nur richtig, sondern auch der »Hauch Gottes«, der zu uns mit einer

Kraft kommt, die andere Bücher nicht haben. Kurz gesagt, steht die *Autorität* Gottes hinter der Bibel.

Zweitens bedeutet die obige Aussage viel mehr als dass dieses Buch uns inspiriert. Wir alle haben schon Romane oder andere Werke der Literatur gelesen, die uns inspiriert haben. Durch diese Werke haben wir Augenblicke der Einsicht und psychische Kraft empfangen, vielleicht sogar eine Reihe neuer Ideen. Doch wenn wir von der Inspiration der Bibel sprechen, dann meinen wir etwas anderes.

Teile der Bibel mögen uns überhaupt nicht inspirieren, denn es gibt Stellen, die uns vielleicht unwichtig und langweilig erscheinen. Das tut jedoch der Tatsache keinen Abbruch, dass die Bibel das Wort Gottes ist. Es geht nicht um die Frage, ob die Botschaft sensationell ist, ob wir durch sie gerührt werden, oder ob sie unser Leben verändert. Die Frage lautet: Ist die dort niedergeschriebene Botschaft *wahr*? Trägt sie Gottes Handschrift?

Drittens bedeutet inspiriert mehr als nur zu sagen, die Bibel sei in Fragen der Lehre inspiriert, nicht aber in Fragen der Geschichte und der Naturwissenschaft. Einige Ausleger betonen, dass die Bibel inspiriert ist, wenn sie auf Jesus hinweist, dass sie aber Widersprüche und Irrtümer in weniger wichtigen Bereichen enthalten könne.

Doch ist diese Argumentation unsinnig. Wie wir später noch ausführlicher darstellen werden, sind die geschichtlichen und die naturwissenschaftlichen Aussagen untrennbar mit den religiösen Aussagen verwoben. Ist die Auferstehung Jesu ein historisches Ereignis? Geht es dabei nicht auch um Lehre? Offensichtlich um beides! Und außerdem, wenn wir der Bibel auf geschichtlichem Gebiet nicht trauen können, warum sollten wir ihr dann in der Lehre trauen? Wir werden sogar argumentieren, dass die Verlässlichkeit der Bibel bei irdischen Themen uns das Vertrauen gibt, ihr auch bei himmlischen zu vertrauen.

Viertens müssen wir verstehen, dass auch einzelne Worte der Schrift wichtig sind. Wir können nicht, wie es einige getan haben, sagen, dass zwar die Ideen inspiriert seien, die Wortwahl dagegen nicht. Linguistische Analysen haben gezeigt, dass jedes echte Wort eine echte Bedeutung hat. Ein falsches Wort hat deshalb eine falsche Bedeutung. Kein Wunder, dass Jesus sagte: »Bis der Himmel und die Erde vergehen, soll auch nicht *ein* Jota oder *ein* Strichlein von dem Gesetz vergehen, bis alles geschehen ist« (Mt 5,18).

Oft waren die Autoren der Bibel frei, ihre eigenen Worte zu benutzen, solange die Bedeutung dieser Worte innerhalb der Grenzen der Wahrheit blieb. Das erklärt, warum verschiedene Worte benutzt werden konnten, um denselben Sachverhalt zu schildern. Matthäus benutzte in der Szene, in der Jesus auf dem Wasser ging, für die Reaktion der Jünger das Wort *proskuneo*, das »anbeten« bedeutet (Mt 14,33). Markus benutzt, um das selbe Ereignis zu beschreiben, das Wort *existémi*, das »erstaunt sein« bedeutet (Mk 6,51). Jedes Wort hat eine andere Bedeutung, doch beide sind richtig.

Weil es damals offensichtlich noch keine Tonbandgeräte gab, haben die Verfasser oft das Wesentliche einer Unterhaltung wiedergegeben ohne vorzugeben, sie wörtlich wiederzugeben. Unfehlbarkeit bedeutet nur, das der Inhalt korrekt wiedergegeben wurde, nicht dass die Ansprachen wörtlich oder vollständig niedergeschrieben wurden.

Wir dürfen nicht vergessen, dass ein Bericht ungenau und trotzdem richtig sein kann. Wayne Grudem von der Trinity International University führt als Beispiel an: »Mein Haus ist nicht weit von meinem Büro.« Diese Aussage ist vollständig wahr, obwohl sie ungenau ist. In der Bibel finden wir z. B. gerundete Zahlen oder ungefähre Angaben bei Maßen und Zahlen in Schlachten.

Auch benutzten die Verfasser der Bibel eine beschreibende Sprache, wenn sie über naturwissenschaftliche Sachverhalte berichten. Wir können nicht sagen, dass sie sich geirrt haben, wenn sie vom Sonnenaufgang sprechen, auch wenn Kopernikus uns gelehrt hat, dass das, was wir Sonnenaufgang nennen, nur ein Drehen der Erde zur Sonne ist. Die Verfasser der Bibel benutzten dieselbe beschreibende Sprache wie ein modernes Sachbuch. Wenn sie vom Sonnenaufgang reden, dann meint die Bibel damit nicht, dass die Sonne sich um die Erde dreht.

Schließlich müssen wir noch festhalten, dass die Unfehlbarkeit (oder Irrtumslosigkeit) der Bibel sich nur auf die Originalmanuskripte bezieht, auf die Papyri oder Pergamente, auf welche die Verfasser des Alten und Neuen Testamentes ihre Botschaft schrieben. Heute liegen uns nur Kopien von Kopien vor, und deshalb ist es möglich, dass sich bei der Überlieferung Irrtümer in den Text geschlichen haben.

Von welchem Wert ist die Lehre von der Irrtumslosigkeit der Bibel, wenn die Originalmanuskripte heute nicht mehr existieren? Die Antwort ist nicht schwer zu verstehen. *Es ist die Irrtumslosigkeit der Originale, welche die Rekonstruktion des Originaltextes so wichtig macht.* Dank der sorgfältigen Schriftgelehrten vergangener Jahrhunderte und umsichtiger Forscher heute haben wir heute einen Text vor uns, der praktisch ein getreues Abbild der Originalmanuskripte ist. *Wir können voller Selbstbewusstsein sagen, dass die Bibel, wie wir sie in Händen halten, »das Wort Gottes« ist.*

Denken Sie es sich so: Nehmen wir an, eine Lehrerin erhält einen Brief, der persönlich vom Bundespräsidenten geschrieben und unterzeichnet ist. Voll Freude will sie ihren Schülern Anteil an dem Brief geben und diktiert ihn den Kindern Wort für Wort, so dass sie ihn anschließend in ihrem Heft stehen haben. Dann, so nehmen wir weiter an, geht der Brief verloren und sie muss die Hefte ihrer Schüler benutzen, um den Brief zu rekonstruieren. Sie entdeckt, dass der eine Schüler zwei Worte falsch geschrieben hat, ein anderer einen Ausdruck missverstanden hat, und noch ein anderer das letzte Wort in einem Satz ausgelassen hat. Doch würde jemand bestreiten, dass sie mit allen Heften ihrer Schüler zusammen in der Lage wäre, den Inhalt des Briefes vom Bundespräsidenten im Wesentlichen zu rekonstruieren? Weil nämlich jedes Wort des Briefes vom Bundespräsidenten stammt, ist der Versuch, alle Worte richtig wiederherzustellen, eine wichtige Aufgabe.

Wenn Sie jemals ein hebräisches Altes oder ein griechisches Neues Testament in der Hand hatten, werden sie zahlreiche Fußnoten finden, welche die Abweichungen der Texte auflisten. Viele davon findet man auch in den Anmerkungen einiger deutscher Bibelübersetzungen. Bitte vergessen Sie nicht, dass die Manuskripte der Bibel sehr sorgfältig abgeschrieben wurden, und diese Kopien wurden wiederum abgeschrieben. Einige wurden in derselben Sprache abgeschrieben, aber es gab auch Übersetzungen. Heute, viele Jahrhunderte später, haben wir Tausende Abschriften, die verschieden alt und verschieden genau sind. Offensichtlich gibt es zwischen diesen späteren Manuskripten unzählige Variationen. Die meisten davon betreffen die Rechtschreibung und die Wortstellung.

Doch die gute Nachricht lautet, dass jede Variation beurteilt werden kann, und zwar aufgrund sorgfältiger Forschung und genauester Vergleiche. Fast keine Variation betrifft Lehrsätze. Kein zuverlässiger Forscher bestreitet heute, dass der Inhalt der Bibel, den wir heute in Händen halten, im Wesentlichen dem der Originalmanuskripte entspricht.

Dank der Archäologie, der Entdeckung alter Manuskripte (wie den Rollen vom Toten Meer), und der textkritischen Forschungen können wir sogar selbstbewusster als unsere Vorväter behaupten, dass wir praktisch wirklich den Inhalt der Originaltexte vor uns haben. Eingerechnet aller menschlicher Kopierfehler können wir uns freuen, dass wir die unverwässerte Botschaft Gottes in Händen halten.

Eine Verheißung für Sie

»Wenn ich der Teufel wäre«, so schreibt J. I. Packer, »dann wäre mein erstes Ziel, die Menschen davon abzuhalten, die Bibel zu erforschen. ... Ich würde alles tun, um sie mit den geistlichen Äquivalenten von Gräben, Dornen, Hecken und Fallen zu versehen, um die Menschen abzuschrecken.«[3] Gott sei Dank kann Satan uns nicht davon abhalten, die Tiefen der Schrift zu erforschen.

Die Schrift selbst gibt uns eine Verheißung. »Glücklich der Mann, der ... seine Lust hat am Gesetz des Herrn und über sein Gesetz sinnt Tag und Nacht! Er ist wie ein Baum, gepflanzt an Wasserbächen, der seine Frucht bringt zu seiner Zeit, und dessen Laub nicht verwelkt; alles was er tut, gelingt ihm« (Ps 1,1-3). Das folgende Zitat von Robert Chapman ist lang, aber es verdient, sorgfältig gelesen zu werden.

> Dieses Buch enthält die Gedanken Gottes, den Zustand des Menschen, den Weg zur Errettung, das Schicksal des Sünders und die Freude der Gläubigen. Seine Lehren sind heilig, die Vorschriften verbindlich, die Geschichten wahr und seine Entscheidungen unveränderlich. Lesen Sie es um weise zu werden, glauben Sie ihm, um Sicherheit zu erlangen, und praktizieren Sie es, um geheiligt zu werden. Es enthält Licht, um Ihnen den Weg zu weisen, Speise, um Sie zu stärken, und Trost, um Sie anzufeuern. Es ist eine Landkarte für den Reisenden, der Stab der Pilger, der Kompass der Piloten, das Schwert des Soldaten und die Wesensart des Christen. Hier wird das Paradies

wiederhergestellt, der Himmel geöffnet und die Tore der Hölle verschlossen. Jesus ist das Hauptthema des Buches, unser Wohl sein Ziel und die Herrlichkeit Gottes sein Schluss. Es sollte unser Gedächtnis erfüllen, unser Herz erforschen und unsere Füße leiten.
Lesen Sie es langsam, häufig und unter Gebet. Es ist eine Goldmine, ein Paradies der Herrlichkeit und lieblicher Strom. Es wird Ihnen in diesem Leben gegeben, es wird beim Gericht geöffnet und man wird sich seiner immer erinnern. Es fordert höchste Verantwortung, belohnt die schwerste Arbeit und verurteilt alle, die mit seinem heiligen Inhalt nur spielen.[4]

Die Bibel ist ein Buch der Antworten, nicht ein Buch der Fragen. Es leitet uns in Bereiche, wo der menschliche Geist nicht weiterkommt, und wo uns die Vernunft unbefriedigt zurücklässt. Viele Segnungen werden über diejenigen ausgesprochen, die mit einer ehrlichen Suche beginnen, die bereit sind, dem Pfad der Wahrheit zu folgen, ganz gleich, wohin er uns führen mag.

Der berühmte Prediger George Whitefield sagte: »Gott hat sich herabgelassen, Schriftsteller zu werden, und doch wollen die Menschen seine Werke nicht lesen. Es gibt nur ganz wenige Menschen, die dieses Buch, die große Charta der Erlösung, gewürdigt haben, indem sie es einmal ohne Vorbehalte durchgelesen haben.« Der Brief liegt uns vor und wartet darauf, gelesen zu werden. Wir schulden es uns, ihn »einmal ohne Vorbehalte durchzulesen.«

Voltaire sagte, dass in einer Generation die Bibel veraltet sein würde, doch nach seinem Tod wurde sein Haus von der Genfer Bibelgesellschaft gekauft, um Bibeln in ganz Europa zu verbreiten. Wie wir sehen werden, ist die Bibel schon oft totgesagt worden, doch die »Leiche« will einfach nicht liegenbleiben.

In Frankreich gibt es ein Denkmal für die Hugenotten, die als Märtyrer für Jesus gestorben sind. Auf dem Denkmal stehen folgende Worte, welche die Tatsache festhalten, dass die Bibel in der Lage war, den Hammerschlägen der Kritiker zu widerstehen:

> Schlagt nur zu, ihr unerlösten Hände
> Euer Hammer bricht, doch Gottes Amboss hält.

Die Bibel ist stark genug, den Schlägen ihrer härtesten Kritiker zu widerstehen, sie ist in der Lage, unsere Zweifel zu stillen und das Vertrauen zu wecken, dass Gott gesprochen hat. Kommen Sie mit mir auf eine Reise, die das erstaunlichste Buch der Welt untersucht.

Bringen Sie ihre Fragen mit, Ihre Zweifel, und vergessen Sie Ihr Herz dabei nicht.

Anmerkungen

1 Ludwig Wittgenstein, »Wittgenstein's Lecture on Ethics«, *Philosophical Review* Nr. 74, Jg 1965, S. 7.
2 Zitiert in: John Ankerberg und John Weldon, *Ready with an Answer*. Eugene (Or): Harvest House 1997, S. 67.
3 J. I. Packer, Einführung zu: *Knowing Scripture* von R. C. Sproul, Downers Grove, Ill: Intervarsity 1979, S. 9.
4 Zitiert bei: Labib Mikhail, *Islam, Muhammad and the Koran*. Selbstverlag, S. 53-54.

Der erste Grund

Die Logik – der Anspruch der Bibel selbst

»Die Bibel ist das Wort Gottes, weil sie es *selbst beansprucht*!«

»Das«, sagte mein Philosophie-Professor, »ist ein gutes Beispiel für den Zirkelschluss. Christen behaupten einfach den Punkt, den sie eigentlich beweisen wollen!«

Ja, das war es. Mein Professor hatte einen Artikel in einer Tageszeitung gefunden, von einem bekannten Christen, der argumentierte, dass die Bibel Gottes Wort sei, weil ihre Verfasser behaupten, sie sei göttlich inspiriert. Der Professor nahm sich dann ein wenig Zeit auszuführen, dass dies dasselbe sei mit der Behauptung: »Ich sage Ihnen die Wahrheit, weil ich Ihnen sage, dass ich Ihnen die Wahrheit sage!« Die Schlussfolgerung war eindeutig: Je mehr wir nachdenken, desto weniger werden wir Christen sein.

Hatte mein Professor mit seiner Kritik recht? Sicherlich ist die einfache Aussage: »Die Bibel ist das Wort Gottes, weil sie es selbst behauptet« logisch suspekt. Wir alle wissen, wie naiv es ist, zu antworten: »Ich weiß, das er mir die Wahrheit gesagt hat, weil er selbst gesagt hat, dass es die Wahrheit ist«, wenn wir gefragt werden, warum wir einem Fremden geglaubt haben. Uns allen sind schon Leute begegnet, die erwarten, dass wir ihnen ohne unabhängige Bestätigung glauben.

Doch nachdem wir das gesagt haben, lassen Sie uns nicht so leichtfertig bei Seite schieben, was die Bibel über sich selbst aussagt. Lassen Sie uns annehmen, ein Fremder würde an unsere Küste gespült und wir würden gerne etwas über seinen Hintergrund, seine Heimat und seine Geschichte erfahren. Wir könnten eine ganze Reihe Experten hinzuziehen, die seine Kleidung untersuchen, andere, um seine Gesichtszüge zu beurteilen und vielleicht eine dritte Gruppe, die über die Geschichte des Floßbaus Bescheid weiß, damit sie einschätzen können, wie alt sein Gefährt ist und woher das Floß stammt.

Nehmen wir an, dass unser Gast unsere Sprache spräche, wäre es unlogisch ihn zu fragen? Sicherlich würden wir seine Aussage überprüfen wollen, sie auf Widersprüchlichkeiten untersuchen, doch sollten wir nicht annehmen, dass er die Wahrheit sagt, ehe wir Gründe haben, etwas anderes zu glauben?

Es gibt sogar einige Informationen über Menschen, die wir nie bekommen könnten, wenn diese sie uns nicht selbst geben. Viele Jahre unabhängiger Studien und Analysen mögen niemals die Art von Informationen ergeben, die ein Mensch uns in wenigen Minuten des Gesprächs geben kann. Die normale Höflichkeit fordert, dass wir einem Menschen die Gelegenheit geben, seine Geschichte zu erzählen. Und genauso sollten wir genügend Respekt vor der Bibel haben, um sie »ausreden« zu lassen, wie man so schön sagt.

Vor Gericht ist es dem Angeklagten gestattet, für sich selbst zu sprechen. Er darf seine Ehrlichkeit verteidigen und begründen, warum seine Sicht des Sachverhalts die richtige ist. Er sollte mehr zu sagen haben als einfach nur: »Ich bin unschuldig.« Ihm muss Gelegenheit gegeben werden zu zeigen, dass sein Bericht wahrheitsgemäß und glaubwürdig ist. Ein Kreuzverhör soll seine Aussage entweder beweisen oder entkräften.

Genauso wie ein Angeklagter eventuell die Wahrheit sagen könnte, so könnte auch die Bibel die Wahrheit über sich selbst sagen. Es kann sein, dass man zu dem Schluss kommt, dass man ihre eigene Behauptung nicht ernst nimmt, doch dann hoffe ich, dass Sie den Mut haben, sich den Folgen daraus zu stellen. Wenn Sie auf den Zug des Unglaubens springen, dann müssen Sie auch bis zum Ziel auf ihm bleiben. Doch mehr dazu später.

Natürlich werden wir andere Zeugen vorladen. In den folgenden Kapiteln werden wir die Geschichte, die Prophetie, die Naturwissenschaft und Jesus selbst in den Zeugenstand rufen. Doch haben wir das Recht, der Bibel zunächst eine faire Anhörung zu gewähren bevor wir sie so gut es geht ins Kreuzverhör nehmen.

Wir brauchen nicht lange nach Aussagen der Bibel über sich selbst zu suchen. Wir finden den Anspruch, dass sie göttlichen Ursprungs ist, fast auf jeder Seite. Lassen Sie uns einige Stellen untersuchen. Und dann werden wir analysieren, was das für Sie und für mich bedeutet.

Mit den Worten der Bibel

Vielleicht denken Sie: »Natürlich bezeichnet sich die Bibel als von Gott inspiriert, warum sollen wir uns noch die Mühe machen, dafür Beweise zu suchen?« Doch es gibt Gründe, aus denen wir diese Behauptungen und ihre Schlussfolgerungen betrachten müssen. Bleiben Sie am Ball, wenn wir eine kurze Tour durch ein faszinierendes biblisches Gebiet machen.

»Alle Schrift ist von Gott eingegeben und nützlich zur Lehre, zur Überführung, zur Zurechtweisung, zur Unterweisung in der Gerechtigkeit, damit der Mensch Gottes vollkommen sei, zu jedem guten Werk völlig zugerüstet« (2Tim 3,16-17). Dies ist eine der deutlichsten und bekanntesten Aussagen der Schrift über den Ursprung der Bibel.

Das griechische Wort, das hier benutzt wird, bedeutet, dass Gott *»ausatmete«* und das Ergebnis die Schrift war. Mit anderen Worten: *Die Bibel ist, bildlich gesprochen, der Atem Gottes.*

Im Alten Testament kam die göttliche Botschaft aus dem »Mund Gottes«. »Durch des Herrn Wort sind die Himmel gemacht und all ihr Heer durch den Hauch seines Mundes« (Ps 33,6). Dieser Ausdruck »Hauch seines Mundes« bedeutet im Hebräischen »Atem Gottes«. Gott, der Schöpfer, benutzte Menschen, um die Bibel zu schreiben, doch sie sprechen in Gottes Auftrag. Derselbe Mund, der sprach und damit die Welt schuf, sprach auch, um die Bibel zu schaffen.

Inspiration heißt nicht, dass Gott die Schriften der Menschen einfach nur mit seinem Siegel versehen hat, sondern dass die Menschen wirklich Gottes Worte niedergeschrieben haben. Seine Vorstellungen wurden zur Vorstellung der Verfasser, und sie zeichneten genau auf, was Gott uns sagen will. Lassen Sie uns das Alte und Neue Testament anschauen, um zu sehen, ob wir hier eine faire Aussage über den Anspruch der Bibel gemacht haben.

Die Ansprüche des Alten Testamentes

Lassen Sie uns einmal einige der Ansprüche der Autoren des Alten Testamentes lesen, als ob wir sie zum ersten mal lesen würden. Schauen wir nach dem Ausdruck »der Herr sagte« oder ähnlichem.

- »Und Gott redete alle diese Worte und sprach: Ich bin der Herr, dein Gott, der ich dich aus dem Land Ägypten, aus dem Sklavenhaus herausgeführt habe. Du sollst keine anderen Götter haben neben mir. Du sollst dir kein Götterbild machen« (2Mo 20,1-4).

- »Und der Herr sprach zu Mose: Siehe, ich habe dich für den Pharao zum Gott eingesetzt, und dein Bruder Aaron soll dein Prophet sein. Du sollst alles reden, was ich dir befehlen werde, und dein Bruder Aaron soll zum Pharao reden, dass er die Söhne Israel aus seinem Land ziehen lassen soll« (2Mo 7,1-2).
- »Und er demütigte dich und ließ dich hungern. Und er speiste dich mit dem Man, das du nicht kanntest und das deine Väter nicht kannten, um dich erkennen zu lassen, dass der Mensch nicht vom Brot allein lebt. Sondern von allem, was aus dem Mund des Herrn hervorgeht, lebt der Mensch« (5Mo 8,3).
- »Hört ihr Himmel, und horch auf, du Erde! Denn der Herr hat geredet« (Jes 1,2).
- »Worte Jeremias ..., zu dem das Wort des Herrn geschah« (Jer 1,1-2). Noch vier mal lesen wir in Jeremia 1, dass das Wort des Herrn zu diesem Propheten kam (V. 4.9.11.13).

Natürlich gibt es noch Hunderte anderer Stellen, wo ausgesagt wird, dass Gott direkt gesprochen hat. Er sprach mit Adam sowohl vor als auch nach dem Fall (1Mo 1,28-30; 3,9-19). Dann gibt es die Berufung Abrahams durch Gott (1Mo 12,1-3) und später lange Gespräche zwischen Abraham und Gott (z. B. in 1Mo 15,1-21; 17,1-21). Wir alle kennen die intensiven Gespräche zwischen Mose und Gott am brennenden Dornbusch (2Mo 3,1 – 4,23) und die Offenbarungen Gottes an seine Propheten. In jedem Fall wird es so dargestellt, dass Gott mit Menschen in echten gesprochenen Worten verkehrt hat, nicht als ob er ihnen nur seine Gedanken allgemein bekannt gegeben hätte. Die menschliche Sprache wird nie als Barriere in der Kommunikation zwischen Gott und Mensch gesehen.

Das herausragende Kennzeichen eines Propheten ist es, dass er nicht seine eigenen Worte weitergibt, sondern die Worte Gottes (5Mo18,18-20). Gott sagt wiederholt: »Ich will meine Worte in deinen Mund legen.« Das erklärt die Tatsache, dass Propheten oft in der ersten Person sprachen!

Nathan konnte z. B. David an Gottes Stelle sagen: »Und ich setze für mein Volk, für Israel, einen Ort fest und pflanze es ein, dass es an seiner Stätte sicher wohnt und nicht in Unruhe gerät. ... Ich werde deinen Nachkommen, der aus deinem Leib kommt, nach dir aufstehen lassen und werde sein Königtum festigen« (2Sam 7,10.12). Ebenso haben andere Propheten Gottes Wort in der ersten Person verkündigt (vergl. z. B. 1Kö 20,13; 2Kö 17,13; 2Chr 12,5).

Auch Jesaja wurde von seiner Botschaft so überwältigt, dass er in die erste Person überging, als ob Gott selbst durch ihn sprechen würde. Er fing z. B. an, die Geschichte vom Herrn des Weinberges zu erzählen, der enttäuscht war, weil trotz seiner mühevollen Arbeit keine Trauben hervorgebracht wurden. Und dann geht er ohne Erklärung in eine Rede des Herrn des Weinbergs über: »Und nun Bewohner von Jerusalem und Männer von Juda, richtet doch zwischen mir und meinem Weinberg! Was war an meinem Weinberg noch zu tun, und ich hätte es nicht an ihm getan?« (Jes 5,3-4). Offensichtlich war Jesaja nicht der Eigentümer des Weinbergs, er platzte einfach heraus mit seiner Botschaft Gottes. Er war ein Sprachrohr Gottes.

Die Propheten beanspruchten große Autorität für sich. Betrachten Sie einmal die Worte Samuels an Saul: »Du hast töricht gehandelt! Du hast das Gebot des Herrn, deines Gottes, nicht gehalten, das er dir geboten hat. Denn gerade jetzt hätte der Herr dein Königtum über Israel für immer bestätigt, nun aber wird dein Königtum nicht bestehen« (1Sam 13,13-14). Dieses Urteil erhielt Saul, weil er der vorhergehenden Botschaft nicht gehorcht hatte, die durch Samuel übermittelt worden war. *Den Worten Samuels nicht zu gehorchen war gleichbedeutend damit, Gott nicht zu gehorchen*!

Auf noch andere Weise betont die Bibel, dass das Wort der Schrift Gottes Wort ist. Zum Beispiel ist David der Verfasser von Psalm 2, wo er davon spricht, dass die Heiden aufrührerisch sind und die Nationen »toben« (V. 1). Doch als die Apostel diesen Psalm im Gebet zitierten, schreiben sie Davids Worte Gott zu: »... der du durch den heiligen Geist und den Mund unseres Vaters, deines Knechtes David, gesagt hast« (Apg 4,25). Als David sprach, sprach der Heilige Geist.

Schließlich sollten wir noch die Beschreibungen überdenken, die im Alten Testament für das Wort Gottes benutzt werden. Als David über die Untreue der Menschen nachsinnt, erklärt David: »Die Worte des Herrn sind *reine* Worte – Silber, am Eingang zur Erde geläutert, siebenmal gereinigt« (Ps 12, 7, Hervorhebung vom Autor). Das hebräische Wort *rein* bedeutet frei von Fehlern und Unreinheiten. Dieser Anspruch wird für Worte erhoben, die dem Propheten von Gott eingegeben wurden, können aber auf alle »Worte des Herrn« angewendet werden.

»Gott – sein Weg ist untadelig; des Herrn Wort ist *lauter*; ein Schild ist er allen, die sich bei ihm bergen« (Ps 18,30, Hervorhebung vom Autor). Das Wort lauter bedeutet fehlerlos. Derselbe Gedanke wird in Psalm 119,140 ausgedrückt: »Wohlgeläutert ist dein Wort, dein Knecht hat es lieb.«

Das Alte Testament beansprucht immer wieder, das Wort Gottes zu sein, und diese Worte sind deshalb so ewig wie Gott selbst: »In Ewigkeit, Herr, steht dein Wort fest in den Himmeln« (Psalm 119,89). Und wieder: »Das Gras verdorrt, die Blume ist verwelkt. Aber das Wort unseres Gottes besteht in Ewigkeit« (Jes 40,8).

Wenn Sie die Verfasser des Alten Testamentes in den Zeugenstand rufen, dann werden sie mit einer Stimme aussagen: »Wir sprechen die Worte aus, die uns von Gott gegeben wurden.«

Welch überwältigende Bedeutung dies hat, werden wir noch sehen.

Die Ansprüche des Neuen Testamentes

Die Verfasser des Neuen Testamentes schreiben mit ähnlicher Autorität. Sie zitieren das Alte Testament als Wort Gottes und stellen ihre eigenen Worte auf die gleiche Stufe.

Gott sprach bei mindestens drei Anlässen während des irdischen Dienstes Jesu direkt vom Himmel: Bei der Taufe Jesu, bei seiner Verklärung und als Jesus vor Schmerz seufzte, als er auf seine Kreuzigung zuging. Sie werden sich daran erinnern, dass Jesus im Geist bedrängt war und betete, dass ihm die bevorstehende Erprobung erlassen würde (Joh 12,27). Doch noch wichtiger war ihm, dass der Vater verherrlicht würde (V. 28). Der Himmel antwortete: »Da kam eine Stimme aus dem Himmel: Ich habe ihn verherrlicht und werde ihn auch wieder verherrlichen« (V. 28). Ja, Gott kann reden, und er tut es. Die Verfasser behaupteten, dass sie Gottes Wort sowohl aufzeichneten, als auch es aus ihrer eigenen Erfahrung niederschrieben.

Paulus, der Verfasser von mindestens 13 Büchern des Neuen Testamentes, behauptete, dass er eine Offenbarung von Gott empfangen habe und schrieb, was ihm befohlen wurde.

- »Wenn jemand meint, ein Prophet oder sonst ein Geistbegabter zu sein, so erkenne er, dass das, was ich euch schreibe, ein Gebot des Herrn ist« (1Kor 14.37-38).

- »Und darum danken wir auch Gott unablässig, dass, als ihr von uns das Wort der Kunde von Gott empfinget, ihr es nicht als Menschenwort annahmt, sondern, wie es wahrhaftig ist, als Gottes Wort, das in euch, den Glaubenden, auch wirkt« (1Thes 2,13)

- »Denn dies sagen wir euch in einem Wort des Herrn, dass wir, die Lebenden, die übrigbleiben bis zur Ankunft des Herrn, den Entschlafenen keineswegs zuvorkommen werden« (1Thes 4,15).

Petrus sieht einen direkten Zusammenhang zwischen dem Wort, das er predigte und den unveränderbaren Worten des Alten Testaments.

- »Denn ihr seid wiedergeboren nicht aus vergänglichem Samen, sondern aus unvergänglichem durch das lebendige und bleibende Wort Gottes. Denn ›alles Fleisch ist wie Gras und alle seine Herrlichkeit wie des Grases Blume. Das Gras ist verdorrt, und die Blume ist abgefallen; aber das Wort des Herrn bleibt in Ewigkeit.‹ Dies aber ist das Wort, das euch als Evangelium verkündigt worden ist« (1Petr 1,23-25; vergl. Jes 40,6-8).

Johannes behauptete, dass die Visionen der Offenbarung Worte des Herrn sind, und warnt: »Wenn jemand zu diesen [Weissagungen] hinzufügt, so wird Gott ihm die Plagen hinzufügen, die in diesem Buch geschrieben sind; und wenn jemand von den Worten des Buches dieser Weissagung wegnimmt, so wird Gott sein Teil wegnehmen von dem Baum des Lebens und aus der heiligen Stadt, von denen in diesem Buch geschrieben ist« (Offb 22,18-19). Für Paulus, Petrus und Johannes wären solche Ansprüche reiner Unsinn gewesen, es sei denn, sie hätten wirklich Gottes Worte weitergegeben.

Was würde geschehen, wenn wir die Bibel systematisch durcharbeiten würden und jede Stelle notieren würden, die behauptet, die Bibel sei göttlichen Ursprungs? Wir würden etwa tausendfünfhundert Stellen mit entweder direkten oder indirekten Aussagen finden, die ihren göttlichen Ursprung beanspruchen. Die sechsundsechzig Bücher der Bibel sprechen mit einheitlicher Stimme davon, dass sie das Wort Gottes sind.

Zu behaupten, dass die Verfasser sich entweder irrten oder sogar logen, funktioniert einfach nicht. Wenn es so wäre, dann wäre die Bibel sicherlich das betrügerischste Buch, das je geschrieben wurde! Es wäre eine unverständliche Ironie, dass genau das Buch, das die höchsten moralischen Maßstäbe inspiriert hat, das Buch, das der Welt die kohärenteste Weltanschauung geschenkt hat, das Buch, das uns einen Jesus gegeben hat, den sogar Skeptiker bewundern, dass dieses Buch auf wiederholtem Irrtum beruhen sollte – das ist einfach unglaublich.

Letztlich trägt jede einzelne Seite der Bibel Gottes Unterschrift. Wir haben allen Grund zu der Annahme, dass seine Unterschrift nicht gefälscht ist. Gott hat geredet und hat es uns auch gesagt.

Die Einheit der Bibel

Joseph Smith behauptete, er habe von einem Engel eine Botschaft erhalten, und daraufhin das Buch Mormon geschrieben. Doch diese Behauptung ist aus mindestens zwei Gründen verdächtig. Erstens kann man beweisen, dass das Buch Mormon in jedem Punkt seiner Geschichte hoffnungslos unzuverlässig ist – es ist keine einzige geografische Angabe durch Ausgrabungen bestätigt worden noch gibt es irgendwelche unabhängigen Bestätigungen für den Inhalt.

Zweitens gab es keinen anderen Propheten, der eine Offenbarung hatte, die mit dieser übereinstimmt. Das Buch Mormon hat nur einen einzigen Autoren, einen Mann, der selbst einen Teil seines Materials abgeschrieben hat und dessen Ruf mehr als zweifelhaft ist. Wenn man dieselben Maßstäbe an Mohammed, den Verfasser des Korans, anlegen würde, dann würde er nicht viel besser wegkommen.

Im Gegensatz dazu ist die Bibel eigentlich eine Bibliothek von sechsundsechzig Büchern von etwa vierzig verschiedenen Autoren, die in einer Zeitspanne von fünfzehnhundert Jahren gelebt haben. Wenn eine der wichtigsten Eigenschaften der Wahrheit ihre Widerspruchslosigkeit ist, dann müssen wir fragen, ob die Bibel uns eine einheitliche Geschichte erzählt. Weil Gottes Botschaft sich nicht selbst widersprechen darf, müssen wir untersuchen, ob die sechsundsechzig Bücher jedes eine eigene Geschichte erzählt, oder ob sie eine Geschichte auf sechsundsechzig verschiedene Arten erzählen. Mit anderen Worten, wenn wir die Bibel in den Zeugenstand bitten würden und sie auf ihre Widerspruchslosigkeit untersuchen würden, wie würde sie bestehen?

Einheit der Verfasserschaft

Widerspruchslosigkeit ist nicht der einzige Grund für Wahrheit, aber einer der wichtigsten. Staatsanwälte sagen uns, dass eine Lüge nur selten einer genaueren Untersuchung stand hält. Im Kreuzverhör bestätigen sich die Worte eines Zeugen entweder, oder sie lösen sich auf. Wenn die Unwahrheit gesagt wird, dann wird sie an irgendeinem Punkt nicht mehr »zusammenpassen.«

Offensichtlich kann ein rein menschliches Buch widerspruchsfrei sein. Ein Buch, sagen wir über Physik, Astronomie oder Biologie kann völlig ohne Widersprüche sein. Ein solches Buch kann eine einheitliche Sicht für ein bestimmtes Thema bieten. Doch die Einheitlichkeit der Bibel ist aus den folgenden Gründen weitaus erstaunlicher.

Beachten Sie:

- Sie entstand über einen Zeitraum von fünfzehn Jahrhunderten und wurde in drei verschiedenen Sprachen verfasst. In diesem Zeitraum entstanden Reiche und fielen wieder, Kulturen kamen und gingen, doch dies hat die Einheit der Bibel nicht beeinflusst. Die Komplexität ihrer Botschaft und Geschichte konnte einfach nicht von einem Menschen oder einer Gruppe von Menschen arrangiert werden.

- Sie wurde von vierzig verschiedenen menschlichen Autoren verfasst. Diese hatten die unterschiedlichsten Berufe – Könige, Fischer, Zolleintreiber, Hirten, Propheten und sogar ein Arzt finden sich.

  Es wäre wohl schwer eine Gruppe gegensätzlicherer Autoren zu finden. Sie reichen von Mose, der die höchstmögliche Ausbildung genossen hatte, bis zu Petrus, der ein einfacher Fischer war. Obwohl sie zu unterschiedlichen Zeitpunkten der Geschichte schrieben, passen ihre Schriften lückenlos zueinander, und zwar nicht nur oberflächlich, sondern brillant und tiefgründig.

- Die Bücher wurden unter unterschiedlichen Umständen und sogar in verschiedenen Ländern und Kulturen geschrieben, nämlich in Asien, Afrika und Europa. Paulus schrieb aus einem römischen Kerker, Jakobus aus Jerusalem, Mose am Sinai und Daniel in Babylon.

- Die Bibel behandelt verschiedene theologische Themen, wie z. B. das Wesen Gottes und seine Absichten, die Eigenschaften der guten und bösen Engel, das Wesen des Menschen und Gottes Erlösungsplan für ihn. Es wäre schwierig, nur zehn Menschen zu finden, die sich auch nur auf *einem* theologischen Gebiet einig wären, wie viel weniger vierzig Männer, die sich bei Themen einig sind, über die andere nur spekulieren können.

Stellen Sie sich z. B. ein medizinisches Fachbuch vor, dass von vierzig verschiedenen Autoren über fünfzehnhundert Jahre hinweg verfasst worden wäre. Und dann stellen Sie sich weiter vor, dass das Buch so aktuell wäre, dass man danach auch heute noch Menschen heilen könnte! Sicherlich müssten wir zugeben, dass eine solche Übereinstimmung erstaunlich wäre. Doch die Bibel behandelt Themen, die weitaus kontroverser und der Forschung weitaus weniger zugänglich sind. Und doch behandelt sie diese Fragen mit Einigkeit und Autorität.

Natürlich wussten die biblischen Verfasser in einigen Fällen, was die anderen vor ihnen geschrieben hatten. Maleachi war sicherlich mit den anderen Büchern des Alten Testamentes vertraut. Aber es kann sein, dass Daniel nicht gewusst hat, was Hesekiel geschrieben hat und viele Propheten haben wahrscheinlich die Botschaft ihrer Zeitgenossen nicht gekannt. Im Neuen Testament schrieb Paulus unabhängig von Johannes, und Jakobus wusste nicht, was Paulus gerade schrieb.

Wenn Sie zusammengekommen wären, wenn die Autoren bewusst versucht hätten, ihre Schriften in Einklang zu bringen, dann hätten wir eine oberflächliche Einheit und offensichtliche Widersprüche wären bereinigt worden. *Die Tatsache dass die Bücher der Bibel miteinander in Einklang stehen, obwohl es Unterschiede im Inhalt, im Stil und der Perspektive gibt, ist ein wichtiges Zeugnis für die Unabhängigkeit jedes einzelnen Verfassers.*

Thematische Einheitlichkeit

Die Verfasser der Bibel wählten ihren Stoff im Licht des großen Themas aus, das sie vermitteln wollten. Die Bibel ist keine Sammlung von Büchern über unterschiedliche Themen. Es gibt nur ein Thema, und das ist Jesus Christus und die Erlösung, die er uns gebracht hat.

Das erste Buch Mose beginnt mit der Schöpfung, dem Fall des Menschen und Gottes Plan, zumindest einen Teil der Menschen von den Folgen der menschlichen Rebellion zu erlösen. So können wir sagen, dass das Thema der Bibel in zwei Worten zusammengefasst werden kann: *Sünde* und *Gnade* des kommenden Erlösers. Gleich nach dem Sündenfall verheißt Gott: »Ich will Feindschaft setzen zwischen dir und der Frau, zwischen deinem Samen und ihrem Samen; er wird dir den Kopf zermalmen, und du, du wirst ihm die Ferse zermalmen« (1Mo 3,15). Das gesamte Alte Testament basiert auf dieser ersten Prophezeiung.

Natürlich gibt es Unterthemen: Gottes Handeln an seinem Volk, das Problem des Leidens aus der Sicht Gottes, der Ursprung und das Schicksal Satans. Doch all dies wird vor dem Hintergrund des Handelns Gottes an der gefallenen Menschheit betrachtet. Die Bibel hat nicht sechsundsechzig verschiedene Geschichten zu erzählen, sondern eine einzige Geschichte über die Reaktion Gottes auf die Rebellion des Menschen.

Jesus hat bestätigt, dass das Thema der Bibel sein Kommen war. Als er mit den Juden diskutierte, sagte er: »Ihr erforscht die Schriften, denn *ihr* meint, in ihnen ewiges Leben zu haben, und *sie* sind es, die von mir zeugen« (Joh5,39). Und noch einmal: »Wenn ihr Mose glaubtet, so würdet ihr mir glauben, denn er hat von mir geschrieben« (V. 46). Jesus hat oft gesagt, dass die Bibel auf ihn hinweist. Er tadelte das Volk, dass sie ihn ablehnten (Mt 21,42-46, vergl. Ps 118,22-23). Luther hatte recht, wenn er sagte: »Die Schrift hüllt Christus ein wie die Kleider den Leib«.

Als Jesus mit den Jüngern auf dem Weg nach Emmaus war, sagte er: »O ihr Unverständigen und trägen Herzens, zu glauben an alles, was die Propheten geredet haben! Musste nicht der Christus dies leiden und in seine Herrlichkeit eingehen? Und von Mose und den Propheten anfangend, erklärte er ihnen in allen Schriften das, was ihn betraf« (Lk 24,25-27). Später fügte er hinzu: »Dies sind meine Worte, die ich zu euch redete, als ich noch bei euch war, *dass alles erfüllt werden muss, was über mich geschrieben steht in dem Gesetz Moses und den Propheten und Psalmen«* (V. 44, Hervorhebung vom Autor).

Die Apostel sahen Jesus als die Mitte der Schrift an. Zu Pfingsten zitierte Petrus Psalm 16,8-11 und 110,1 als Grundlage seiner Verkündigung des Auferstandenen (Apg 2,25-36). Und als Philippus dem Kämmerer aus Äthiopien begegnete, »verkündigte er ihm das Evangelium von Jesus« (Apg 8,35).

Von den frühesten Andeutungen des Evangeliums in 1. Mose 3,15 bis zum »Amen, komm Herr Jesus« in Offenbarung 22,20 behandelt die Bibel eine einzige Geschichte. Wie ein Kleidungsstück aus vielen verschiedenen Fäden gewebt ist, aber alle Fäden zur Gesamtgestalt beitragen, so hat die Bibel sechsundsechzig Bücher, die alle zu dem einen großen Thema beitragen.

Die Reformatoren sahen Jesus als das gemeinsame Thema der biblischen Bücher. Luther sagte: »Die Schrift lehrt nichts als das Kreuz.« Und Calvin bestätigte: »Christus kann nicht wirklich auf einem anderen Weg als durch die Schrift erkannt werden.«

Um Pascal zu zitieren: »Jesus, den die beiden Testamente ansehen, das Alte als seine Hoffnung, das neue als sein Vorbild, und beide als ihre Mitte.«[1]

Strukturelle Einheitlichkeit

Man hört oft die Aussage: »Das Neue Testament ist im Alten verborgen, und das Alte im Neuen offenbart.« Es gibt im Neuen Testament etwa 180 Zitate aus dem Alten. Dazu kommen noch Bezüge auf Menschen und Ereignisse des Alten Testaments. Das gesamte Alte Testament weist auf einen zukünftigen Tag hin, an dem Gott persönlich die gefallene Menschheit erlösen wird. Wir können die beiden Testamente nicht trennen, ohne die Gesamtheit zu zerstören. Wie Floyd Hamilton gesagt hat: »Von ihrer ganzen Struktur her ist die Bibel eine Einheit. Jeder Teil ist mit den anderen verwoben und wird durch die anderen Teile ausgelegt, so dass jeder Teil notwendig für das Verständnis des Ganzen ist.«[2]

Diese Einheit wird trotz unterschiedlicher literarischer Strukturen erreicht, zu denen gehören: »Geschichte, Gesetz (Zivil- und Strafgesetz, moralisches und rituelles Gesetz, Gesundheitsgesetze), religiöse Dichtung, didaktische Schriften, Lyrik, Parabel und Allegorie, Biografie, persönliche Briefe, persönliche Erinnerungen und Tagebücher und zusätzlich die ausschließlich biblischen Literaturformen der Prophetie und Apokalyptik. ... Doch all dies bildet trotzdem eine Einheit, die alles zusammenhält.«[3]

Diese Einheit ist so exakt, dass sie menschliche Weisheit übersteigt. So lesen wir z. B. in 1. Mose 1,1: »Im Anfang schuf Gott die Himmel und die Erde.« Das Wort *Gott* steht im *Plural*, und dieser Plural lässt Raum für den Glauben an die Dreieinigkeit, die später in der Schrift offenbart wird.

Und trotz dieser Einheit gibt es auch Vielfalt. Die Verfasser der Schrift wiederholen nicht einfach immer dasselbe. Sie überdenken die großen Wahrheiten, die Gott offenbart hat, doch von verschiedenen Standpunkten aus. L. Gaussen sagte, dass die Bücher der Bibel wie Instrumente eines geschickten Musikers sind, der einmal die Begräbnisflöte spielt, dann die Hirtenflöte, oder auch die Trompete, die zur Schlacht ruft. Genauso wählte Gott verschiedene Instrumente nach ihrer Eignung, die er dann durch den Hauch seines Geistes inspirierte. Wie ein Organist, der durch seine Begabung bei seinen Zuhörern sowohl Tränen als auch Freude hervorrufen kann, so hat Gott in verschiedenen Stimmungslagen und verschiedenen Tönen mit uns gesprochen. Gott spricht mit uns mit der Harmonie und der Vielfalt eines Sinfonieorchesters.[4]

Der Gott des Alten Testamentes ist derselbe wie der des Neuen. Liberale Theorien, die lehren, dass der Gott des Alten Testamentes hart und grausam ist, während der des Neuen liebevoll und tolerant ist, können angesichts der Einheit der Bibel nicht aufrecht erhalten werden. Lesen Sie nur die Warnungen Jesu, oder besser noch, die Beschreibungen des Gerichtes Gottes in der Offenbarung. Gott hat seine Meinung über Homosexualität, über Ehebruch oder Ungehorsam im Allgemeinen nicht geändert. In unserem Zeitalter wird die Strafe nicht sofort erteilt, sondern für später aufgehoben. Wenn Sie nicht davon überzeugt sind, dann lesen sie nur 2. Thessalonicher 1,6-9. Es ist undenkbar, dass der Gott des Alten Testamentes weniger tolerant ist als der des Neuen, denn er ist der Herr und »ändert sich nicht« (Vergl. Mal 3,6). Der Charakter Gottes ist in beiden Testamenten ein und derselbe.

Die Einheitlichkeit der Symbole

Im Alten Testament ist das Feuer ein Symbol für die Reinheit und das Gericht. Wasser ist oft ein Symbol für den Heiligen Geist, ebenso das Öl. In beiden Testamenten ist der Sauerteig ein Bild für das Böse. Er wurde als Vorbereitung auf das Passahfest aus den jüdischen Häusern weggetan und Jesus warnte seine Jünger »vor dem Sauerteig der Pharisäer und Sadduzäer« (Mt 16,6).

Oder betrachten Sie die Verbindung zwischen dem alttestamentlichen Buch Levitikus (3. Buch Mose) und dem neutestamentlichen Hebräerbrief, oder die enge Verbindung von Daniel und Offenbarung. Die Typologie und die Symbole passen so gut zueinander wie ein sorgfältig angepasster Handschuh eine Hand umschließt. Und doch geht jedes spätere Buch weit über sein alttestamentliches Vorbild hinaus.

Stellen Sie sich vor, wie die verschiedenen Teile einer Kathedrale aus verschiedenen Ländern und Städten kommen, und an einem zentralen Platz gesammelt werden. Stellen Sie sich nun weiter vor, dass eine Untersuchung ergibt, dass vierzig verschiedene Steinmetzen über Jahrhunderte hinweg Teile beigesteuert haben. Doch die Teile passen zusammen, um eine einzige wunderschöne Struktur zu ergeben. Wäre das nicht ein Beweis dafür, dass hinter dem Projekt ein einziges Ziel stand, ein Baumeister, ein Architekt, der seine Arbeiter benutzte, um einen wohldurchdachten Plan auszuführen?

Die Bibel ist eine solche Kathedrale, die von einem unvorstellbar intelligenten Architekten zusammengesetzt wurde.

Die Entscheidung, der Sie nicht ausweichen können

Ich habe diesem ersten Kapitel die *Logik* zugeordnet. Ich begründe hier, warum ich glaube, dass die Bibel Gottes Wort ist, weil ich gezwungen bin, eine logische Entscheidung zu treffen: *Entweder ist die Bibel wahr, oder sie ist eine Fälschung; entweder ist sie ein gutes Buch oder ein unbeschreiblich schlechtes; Sie ist entweder das Wort Gottes oder sie enthält die irreführenden, betrügerischen Worte von Menschen.* Lassen Sie uns nicht auf die unlogische Konstruktion der Liberalen verfallen, die behaupten, dass die Bibel zwar nicht das Wort Gottes sei, aber trotzdem einen hilfreichen Führer für die christliche Gemeinde darstelle. Sie enthält entweder Tatsachen oder Fälschungen.

Ich kann es kaum deutlicher ausdrücken: Wenn die Bibel über ihren eigenen Ursprung irrt, dann haben wir keinerlei Grund zu meinen, dass sie über irgendetwas anderes eine verlässliche Aussage macht. Wir können uns nicht den Luxus erlauben, uns auszusuchen, was wir als göttlich anerkennen und was nicht. Und wenn die Verfasser nur ihre eigenen Vorstellungen niedergeschrieben haben, dann sollten wir keine einzige Zeile ernst nehmen. Wenn sie sich so sehr über den Ursprung ihrer Ideen im Unklaren waren, dann waren sie sicherlich auch über den Inhalt ihrer Schriften im Unklaren. Wenn die Bibel sich fünfzehnhundert Irrtümer leistet, dann fällt alles wie ein Kartenhaus zusammen.

Es nützt nichts, das Ganze mit freundlichen Worten zu übertünchen, indem man sagt: »Die Verfasser waren im wesentlichen ehrliche Männer, die glaubten, dass sie in Gottes Auftrag sprachen, doch sie haben sich geirrt.« Wenn sie so leicht ihr eigenes Wort mit dem Wort Gottes verwechselten, dann waren sie entweder Verführer, oder selbst Verführte. Wir haben keinerlei Anhaltspunkt herauszufinden, wie weit ihre Irrtümer gegangen sind.

Seit Jahren versuchen liberale Theologen, die Bibel zu einem rein menschlichen Buch zu machen. Sie haben versucht, ihr die Wunder zu nehmen und die göttlichen Lehren so umzuinterpretieren, dass sie sich dem Synkretismus unserer Zeit anpassen. Man hat sich bemüht, Jesus zu einem bloßen Menschen zu machen, ganz gleich, wie sehr man die neutestamentlichen Texte dazu vergewaltigen musste. Und doch wollten sie immer noch glauben, dass die Bibel zumindest einen Teil verlässliche Information über Gott liefert. Sie haben Jesus Bewunderung gezollt und auf das Kreuz als ein Zeichen der Liebe Gottes hingewiesen. Sie sagen uns, dass sie der Bibel eher »Ehrfurcht« entgegenbringen als »sklavische Wortwörtlichkeit« annehmen wollen. Doch wenn die Bibel sich über ihre Herkunft irrt, dann ist Ehrfurcht hier schrecklich fehl am Platze.

Stellen Sie sich eine Biografie von Winston Churchill vor, in der es wiederholt heißt: »Churchill sagte zu mir ...« Dann entdecken wir, dass der Verfasser Churchill nie persönlich begegnet ist, und noch viel weniger mit ihm gesprochen hat. Welchen Wert hätte ein solches Buch? Es würde uns mehr über die Illusionen des Verfassers sagen als über Churchill. Wir würden das Buch kaum ernst nehmen.

Lassen Sie diejenigen, welche die Bibel als Wort Gottes ablehnen, das nach ihrem Gefallen tun, doch Sie können nicht beides haben. Wenn die Behauptungen der Bibel zu ihrem Ursprung falsch sind, dann sollten wir zumindest den Mut haben einzugestehen, dass sie eine Fälschung ist, und dies bei jeder Gelegenheit laut und deutlich vertreten.

Andererseits, wenn die Ansprüche der Bibel wahr sind, dann ist es offensichtlich, dass die Originalmanuskripte fehlerfrei sind. Wenn Gott ein Gott der Wahrheit ist, dann kann er nur in Übereinstimmung mit seinem Wesen sprechen, d. h. in Wahrheit. Es wäre unvorstellbar, dass wir von Gott eine Botschaft bekommen, die nicht der Wahrheit entspricht. Wenn man behauptet, dass die Bibel in theologischen Fragen autoritativ ist, aber in geschichtlichen oder naturwissenschaftlichen Fragen Irrtümer enthält, so ist das Unsinn. (Dieser Punkt ist so wichtig, dass wir ihn im nächsten Kapitel ausführlicher behandeln werden.)

Schließlich können, wenn die Bibel wirklich wahr ist,

einige der tiefsten Fragen unserer Existenz gelöst werden. Denn Gott hat sich entschlossen, uns Wahrheiten über sich zu offenbaren, die wir auf keine andere Weise erfahren könnten. Gott hat gesprochen, und wir haben endlich eine Hoffnung, so dass wir mit unserer Kenntnis von Gott weiterleben können.

Lassen Sie uns die Fensterläden öffnen und die Sonne hereinscheinen. »Erklärung deines Wortes bringt Erleuchtung, auch Unerfahrene bekommen Einsicht« (Ps 119,130, GN).

DENKANSTOß

Wie viele Beweise sind notwendig?

Können wir *beweisen*, dass die Bibel Gottes Wort ist? In diesem Buch werden verschiedene Gründe dafür aufgeführt, warum wir die Bibel als Wort Gottes anerkennen. Doch es ist sicherlich möglich, dass ein Skeptiker dennoch nicht überzeugt ist, wenn er das Buch gelesen hat. Es kann sein, dass er nach einem »Beweis« sucht, den es nicht gibt.

Zunächst einmal müssen wir uns daran erinnern, dass nur sehr wenige Dinge in unserem Leben wirklich hieb- und stichfest bewiesen sind. Wir alle wissen, dass 2+2=4 eine Aussage ist, die nicht bewiesen werden muss, weil sie für denjenigen, der die Bedeutung der Aussage versteht, selbstverständlich ist. Doch die Mathematik ist so ziemlich die einzige Wissenschaft, in der wir solche Sicherheiten haben.

Andere Arten des Wissens sind immer von Beobachtungen und Experimenten abhängig. Wenn wir alle Beweise gefunden haben, dann können wir sagen, dass wir etwas bewiesen haben, doch selbst dann könnte es noch Ausnahmen geben. Wissenschaftler, die Tausende von Schneeflocken untersucht haben, sagen uns, dass sie alle unterschiedlich sind. Wir könnten sagen, dass wir »bewiesen« haben, dass das so ist. Doch natürlich sagt uns ein wenig Überlegung, dass diese Aussage niemals absolut bewiesen werden kann, weil es Ausnahmen geben könnte. Man denke nur an die Milliarden Schneeflocken, die nie untersucht worden sind. Letztendlich kann nur ein allwissendes Wesen uns absolut sagen: »Es gibt keine zwei gleichen Schneeflocken.«

Wenn es um historische Dokumente geht, dann ist die Beweisfrage noch wesentlich mehr der persönlichen Auslegung und möglichen Missverständnissen unterworfen. Die Aussage: »Winston Churchill war Premierminister von England« ist leichter zu beweisen als die Aussage »Julius Caesar herrschte über Rom.« Offensichtlich kann ein Vorgang umso besser bewiesen werden, je mehr Zeugen es noch gibt, und je weniger weit das Ereignis in der Vergangenheit liegt.

Historische Argumente können selbst angesichts höchst verlässlicher Beweise bestritten werden. Die Frage der Glaubwürdigkeit der Zeugen, der Genauigkeit ihrer Aussagen, der Vertrauenswürdigkeit der Kopien von Manuskripten kann immer aufgebracht werden. Die einfache Tatsache besteht, dass historische Argumente letztlich niemals unangreifbare Beweise liefern können. Schließlich kann die Geschichte nicht wiederholt werden. Keiner von uns war Zeuge, als Gott Himmel und Erde erschaffen hat. Deshalb gibt es an dieser Stelle letztlich immer Raum für einander widersprechende Theorien.

Im Falle der Bibel wird die Frage nach den »Beweisen« noch viel aufregender. Wir haben hier ein Buch vorliegen, das nicht nur über geschichtliche und ethische Fragen Aussagen macht, sondern das auch den Selbstbetrug des menschlichen Herzens ausdrücklich bloßstellt. Aus diesem Grund ist der zwingendste Grund, der mich dazu führt zu glauben, dass die Bibel das Wort Gottes ist, *ein Grund, der nur denjenigen zugänglich ist, die sich der Autorität der Bibel unterstellen.* Um die Worte Jesu zu zitieren: »Wenn jemand seinen Willen tun will, so wird er von der Lehre wissen, ob sie aus Gott ist oder ob ich aus mir selbst rede« (Joh 7,17). Ohne diese Bereitschaft gibt es keine Erkenntnis.

Der Grund dafür ist nicht schwer zu verstehen. Die Bibel offenbart Tatsachen, die sich dem Bereich der menschlichen Beobachtung entziehen. Sie analysiert unsere persönlichen Probleme und überzeugt uns auf eine Weise von der Sünde, durch die wir uns unbehaglich fühlen. Ja, Jesus ging so weit zu sagen, dass wir von Natur aus die geistliche Finsternis dem Licht vorziehen und uns deshalb vor der Offenbarung Gottes verstecken, wo immer es uns passt. Wenn wir uns selbst überlassen sind, dann widersprechen wir den Lehren der Bibel und glauben davon so wenig wie möglich und weigern uns, den nächsten Schritt, den Glauben, zu tun.

Historisches Studium kann uns nur eine gewisse Strecke weit bringen, der Glaube muss uns den Rest des Weges führen. Selbst wenn historische Studien eindrückliche Beweise dafür liefern könnten, dass Jesus an einem Kreuz der Römer gestorben ist, kann sie doch nicht die Aussage beweisen, dass er »für unsere Sünden gestorben ist«, wie die Christen glauben.

Nach einer Vorlesung an der Universität, in der ich die Auferstehung Christi verteidigte, fragte mich ein Philosophieprofessor: »Selbst wenn ich Ihre Aussage für wahr hielte, dass Jesus von den Toten auferstanden ist, wie beweisen Sie, dass er der Sohn Gottes und ein Erlöser war?« Er führte weiter aus, dass Jesus vielleicht ein Geheimnis ergründet hätte, wie er sich selbst wieder zum Leben erwecken konnte, ein Geheimnis, das die Wissenschaft vielleicht erst in der Zukunft entdecken wird. Ganz gleich wie weit hergeholt seine Argumentation war, dies zeigt deutlich, wie schwierig es zu beweisen ist, dass die Bibel das Wort Gottes ist. Solche Skeptiker werden, so befürchte ich, weder durch dieses Buch überzeugt noch durch irgend jemanden anderen, der versucht zu beweisen, dass der christliche Glaube der Vernunft nicht widerspricht.

Ganz gleich, wie viele Beweise wir für die Glaubhaftigkeit der Bibel anhäufen, muss ich betonen, dass man letztlich Jesus im Glauben annehmen muss. Ich meine damit keinen blinden Glauben, auch keinen Glauben, der aller Logik widerspricht, sondern einen Glauben, der sich auf vernünftige Beweise stützt. Und doch bleibt es immer ein Glaube. Wenn die Argumente für das Christentum absolut unwiderlegbar wären, dann wäre kein Glaube mehr nötig. Wir bräuchten nur noch die Beweise vorzulegen, und jeder vernünftige Mensch *müsste* glauben.

Unsere eigenen Erfahrungen beweisen uns, dass wir nur ungern annehmen, was die Bibel über uns und unsere Beziehung zu Gott zu sagen hat. Ja, niemand kann sogar ohne Hilfe vom Unglauben zum Glauben kommen. Jesu Lehre, und das Neue Testament bestätigen, dass diese Veränderung nur durch die Macht des Heiligen Geistes bewirkt werden kann. »Niemand kann zu mir kommen, wenn nicht der Vater, der mich gesandt hat, ihn zieht; und ich werde ihn auferwecken am letzten Tag« (Joh 6,44), lehrte Jesus. Mit anderen Worten, wenn wir unser Vertrauen für unsere Errettung auf Jesus allein setzen, dann geht es hier nicht einfach um historische Untersuchungen, sondern um das Handeln des Geistes Gottes.

Das darf jedoch nicht so interpretiert werden, dass wir den modernen Subjektivismus predigen, der behauptet: »Ich weiß, dass ich recht habe, weil ich der Ansicht bin oder fühle, dass ich recht habe, und niemand kann mir meinen privaten Glauben nehmen!« Wir werden nicht durch subjektive Gefühle überzeugt, dass die Bibel Gottes Wort ist, sondern indem unsere subjektiven Gefühle zerstört werden, wenn wir in der Gegenwart Gottes, wie dieser sich in der Bibel offenbart, gedemütigt werden.

Schlussendlich kommen wir zu der Erkenntnis, dass dieses Buch uns die schmerzliche Wahrheit über uns selbst und unsere Beziehungen zu der Welt mitteilt. Die Teile unseres Lebenspuzzles passen plötzlich zusammen und wir werden zu der Aussage geführt: »Ich war blind und jetzt kann ich sehen.«

Die Bibel ist ein Spiegel, keine Fotografie. Ein Spiegel zeigt uns, wie wir sind. Wir können keine Haare zufügen, ein wenige die Farben auffrischen und mit einem Pinselstrich alle Fehler auslöschen. Kein Wunder, dass die Bibel diejenigen abschreckt, die nicht bereit sind, sich ihren Sünden zu stellen. Kein Wunder, dass sie Balsam ist für Menschen, die anfangen, ihre Not einzugestehen und die Erlösung durch Jesus anzunehmen.

Ein Freund von mir wuchs in einer atheistischen Familie auf und schloss sich der New Age-Bewegung an, um seinen Hunger zu stillen und seine Rastlosigkeit zu verlieren. Von dort kam er zu okkulten Praktiken, was so weit ging, dass er die »Überlegenheit der weißen Rasse« als Philosophie übernahm. Doch als er die Bibel kennenlernte, schrieb er: »Zu meinem Erstaunen waren alle meine verdrehten Theorien über die Überlegenheit der Weißen seinem liebenden Geist nicht gewachsen. Und bald war ich nicht mehr in der Lage, die Glaubenssätze weiter zu schlucken, von denen ich annahm, dass sie selbstverständlich seien. Keiner konnte mir das Gegenteil beweisen. *Intellektuelle Schlachten waren vor seinem Atem nur noch Rauchschwaden.*«

Einer meiner Gebetspartner erzählt gerne die Geschichte, wie er sich im Fernsehen Prediger anschaute, nur um sich über sie »lustig zu machen.« Er konnte nicht glauben, dass es wirklich Leute gibt, die an die Erschaffung von Adam und Eva sowie an die Jungfrauengeburt glaubten. Doch je mehr er hörte, desto ernster wurde er und desto wichtiger wurde ihm, die Bibel selbst zu lesen. Als ihm die Wahrheit seiner eigenen Sündhaftigkeit aufging und dass er dringend einen Retter brauchte, bekehrte er sich. »Danach«, so sagt er, »erkannte ich, dass der Gott, der mich errettet hat, sicherlich Adam und Eva erschaffen und ganz sicherlich auch seinen Sohn von einer Jungfrau gebären lassen konnte.« Als sein Herz verändert war, änderte sich sein Verstand auch.

Diejenigen Skeptiker, die offen für die Vorstellung sind, dass Gott in die Geschichte eingegriffen hat, diejenigen Männer und Frauen, welche die Wahrheit erkennen wollen, auch wenn dabei ihr Selbstverständnis in Frage gestellt wird, können dieses Buch als einen Weg zum Glauben betrachten. Wenn sie verstehen, dass die Bibel nichts Unvernünftiges ist, mag es sein, dass sie ihr eine faire Chance geben wollen. Sie könnten herausfinden, dass ihre Neugier angeregt wird, dass sie auf den Geschmack kommen und dass ihre Herzen sich Jesus, dem Mittelpunkt des christlichen Glaubens, öffnen. Der Geist Gottes wird das Wort Gottes gebrauchen, um eine Veränderung in Gang zu setzen, die das Tor zum Himmel ist.

Diejenigen, die mit der wachsenden Überzeugung konfrontiert sind, dass der Jesus der Bibel der Sohn Gottes ist, werden entdecken, dass ihre intellektuellen Barrieren vom Wissen überwunden werden, dass er die »Wahrheit« ist. Historische und naturwissenschaftliche Fragen, die bisher ein Hindernis waren, die Bibel zu akzeptieren, lösen sich harmonisch. Menschen, die entdeckt haben, dass die Bibel die Wahrheit über sie selbst aussagt, sind auch davon überzeugt, dass sie auf anderen Gebieten die Wahrheit sagt.

Gott benutzt die Bibel, um die natürlichen Barrieren zu

überwinden, die gegen ihre Behauptungen aufgestellt werden. Die Gabe der Erleuchtung und die verändernde Macht des Heiligen Geistes ermöglichen es Männern, Frauen und Kindern, Jesus als ihren Retter anzunehmen. »Nach seinem Willen hat er uns durch das Wort der Wahrheit geboren, damit wir gewissermaßen eine Erstlingsfrucht seiner Geschöpfe seien« (Jak 1,18).

Deshalb habe ich das Buch mit zwei Gebeten geschrieben. Erstens, dass Gläubige verstehen, dass ihr Glaube mit der Vernunft vereinbar ist. Wir werden Beweise bringen, die zeigen, warum Kritiker, welche die Bibel angreifen, falsch liegen. Kurz gesagt, wir müssen in der Lage sein, den Glauben zu verteidigen, der »ein für allemal den Heiligen überliefert« ist (Jud 3). Wir haben auf das richtige Pferd gesetzt, denn die Bibel ist vollkommen vertrauenswürdig.

Zweitens bitte ich, dass auch der radikalste Skeptiker, der die Bibel als Folklore abtut, diese Seiten liest. Ich hoffe, dass diese Argumente ihn dazu führen, die Schrift zu studieren, die er schon lange beiseite gelegt hat, und dass Gott ihm die Gnade gewährt, wissen und glauben zu können, dass »Gott in Christus die Welt mit sich selbst versöhnt hat« (2Kor 5,19). Wenn Sie ein Skeptiker sind, dann sollten Sie sich als erstes vornehmen, sich der Bibel zu stellen.

Sicherlich hat niemand je wie Jesus geredet, der im Mittelpunkt der biblischen Botschaft steht. Allein diese Worte sind genug, um uns seine unglaubliche Autorität zu vermitteln. »Alles ist mir übergeben von meinem Vater; und niemand erkennt den Sohn als nur der Vater, noch erkennt jemand den Vater als nur der Sohn und wem der Sohn ihn offenbaren will« (Mt 11,27).

Wir wollen unsere Reise nun fortsetzen.

Anmerkungen

1 Zitiert in: Frank E. Gaebelein, »The Unity of the Bible«, in: *Revelation and the Bible*, Hrsg. Carl F. Henry. Grand Rapids: Baker 1958, S. 394.

2 Floyd E. Hamilton, *The Basis of Chistian Faith*. New York: Harper & Row 1946, S. 156.

3 F. F. Bruce, *The Books and the Parchments*. New York: Revell 1963, S. 88.

4 L. Gaussen, *Theopneustia*. Kansas City, Mo: Gospel Union 1912, S. 38.

Der zweite Grund

Die Geschichte – die Zuverlässigkeit der Bibel

Schauen Sie sich irgendeine Seite der Bibel an, und Sie werden Geschichten über Männer wie Abraham, Mose und David lesen. Sie lesen von Jesus, seinen Jüngern und Paulus. Die Bibel ist voll mit Tausenden von Ereignissen, von denen behauptet wird, dass sie sich in dem Kontinuum, das wir Geschichte nennen, ereignet haben. Geburt, Tod, Leid und Wunder – all das finden wir hier.

Doch ist diese Geschichte verlässlich?

Das kommt darauf an, wen Sie fragen. Ein Artikel im renommierten *Time*-Magazin zitiert John Van Seters von der Universität von Nord Carolina, der sagt: »Es gab keinen Mose, keinen Durchzug durch das Rote Meer und keine Offenbarung am Berg Sinai.« Das Magazin berichtet weiter, dass Seters vor der Gesellschaft für Biblische Literatur »mit papstähnlicher Sicherheit« sprach.[1]

Time berichtete, dass eine jahrelange Suche nach Beweisen heute »alle außer den konservativsten Experten überzeugt hat, dass Abraham und die anderen Patriarchen Erfindungen der Verfasser der Bibel seien«.[2] Dieser Einstellung entsprechend kommentierte Peter Jennings in einer Sondersendung des ABC-Network über Jerusalem den jüdischen, muslimischen und christlichen Glauben an Abraham und fragte dann: »Was können uns Historiker über ihn überhaupt sagen?« Seine Antwort: »Sie sind sich noch nicht einmal sicher, dass Abraham überhaupt gelebt hat.«

Wie können wir angesichts solcher vernichtender Aussagen glauben, dass die Bibel historisch zuverlässig ist? Müssen wir einfach wegsehen und weiter glauben, ganz gleich, wie viele Mythen die Bibel enthält? Oder noch schlimmer, sollten wir einfach die Augen vor den Aussagen der Wissenschaftler verschließen, in der Hoffnung, dass ihre radikalen Ansichten sich irgendwann verflüchtigen?

Es gibt einen bessern Ausweg.

Lassen Sie uns einen Augenblick damit verbringen, die tiefen Überzeugungen liberaler Forscher auf diesem Gebiet zu untersuchen. Sie bringen, wie alle anderen auch, ihre eigenen Annahmen mit, wenn sie die Bibel untersuchen, und diese Vor-Urteile bestimmen das Ergebnis ihrer Untersuchungen. Es gibt zwei unangreifbare Dogmen, die von ihnen unter allen Umständen aufrecht erhalten werden.

Das erste lautet, dass keine Aussage der Bibel ohne unabhängige Bestätigung der Geschichtswissenschaft und der Archäologie angenommen wird. Diese Forscher bezeichnen sich selbst als »Minimalisten« und meinen damit, dass sie nur den kleinstmöglichen Teil der Bibel annehmen und sich dabei auf das beschränken, was säkulare Quellen bestätigen. Weil zum Beispiel kein Hinweis außer dem der Bibel auf den Auszug aus Ägypten gefunden wurde, glaubt man nicht, dass er stattgefunden hat. Jahrelang bezweifelten die Forscher die Existenz des Königs David bis sein Name auf zwei Inschriften auftauchte. Nun ist es modern, daran zu glauben, dass er einmal König von Israel war, aber nur aufgrund dieser neueren Entdeckungen. Doch weil Abraham noch nicht außerbiblisch belegt ist, nimmt man an, dass diese Geschichte nur erfunden ist.

Wir sollten nebenbei anmerken, dass kein anderes historisches Dokument mit solcher Skepsis betrachtet wird. Alte Manuskripte werden normalerweise für bare Münze genommen, ebenso alte Inschriften und dergleichen. Obwohl man kaum einmal meint, dass man unabhängige Belege für sie bräuchte, wird die Bibel anders behandelt. Solange andere Dokumente ihren Inhalt nicht belegen, werden ihre Berichte für unwahr gehalten, wenn ein solche Dokument ihr widerspricht, nimmt man an, dass es die Bibel ist, die den Irrtum enthält.

Zweitens gibt es die tiefe Überzeugung der Bibelkritiker, dass es keine Wunder gegeben haben kann. Selbst wenn einige Forscher heute glauben, dass es David gegeben hat, dann glauben sie ganz bestimmt nicht daran, dass er durch Eingebung durch den Heiligen Geist geredet hat oder dass Gott mit ihm einen Bund geschlossen hat. Sie würden über die Geschichte von Davids Begegnung mit einem Rache-Engel auf der Tenne des Jebusiters Arauna (2Sam 24,16.17) spotten.

Gab es Jesus wirklich? Obwohl Jesus in der säkularen Literatur seiner Zeit dreizehn Mal erwähnt wird, gibt es dennoch einen Forscher, der nicht glaubt, dass er gelebt hat. Er argumentiert, dass »keine Inschrift des 1. Jahrhunderts ihn erwähnt, und dass kein Objekt und kein Gebäude erhalten ist, das eine besondere Verbindung zu ihm aufweist.«[3] So werden die ausgezeichneten Beweise der neutestamentlichen Manuskripte beiseite gewischt, die Schlussfolgerung gezogen, dass Jesus nie gelebt hat, oder doch wenigstens niemand, der dem Jesus gleicht, an den die Christen glauben. Kein Wunder, dass die Bibel der Kritiker so dünn ist, dass sie kleinste Häppchen der Geschichten enthält, die darauf reduziert wurden, vorher getroffenen Annahmen zu entsprechen.

Um es noch einmal zu sagen: Einige Forscher werden keine Aussage der Bibel für wahr halten, es sei denn, sie wäre durch außerbiblische Quellen gesichert. Weil die Kreuzigung Christi von anderen Geschichtsschreibern nicht erwähnt wird, wird sie generell geleugnet. Und selbst wenn eine Erwähnung der Kreuzigung Christi aus dem ersten Jahrhundert gefunden würde, so würden diese Kritiker jedoch auf jeden Fall die biblische Interpretation dieses Vorganges ablehnen. Sie würden zähneknirschend annehmen, was immer die historisch-archäologische Forschung zutage trägt, doch kein bisschen mehr.

Diejenigen von uns, die glauben, dass die Bibel vertrauenswürdig erscheint, sehen die Sache ganz anders. Wir haben schon erfahren, dass wir entweder die Bibel als Wort Gottes annehmen oder aber sie als Fälschung im Ganzen ablehnen müssen. Und weil wir die Bibel als Wort Gottes akzeptieren, werden wir mit unserem Glauben nicht warten, bis biblische Berichte von der Archäologie bestätigt werden. Wir glauben, dass der Auszug aus Ägypten stattgefunden hat, auch wenn die Ägypter ihn nicht aufgezeichnet haben (was lässt uns denken, dass solch ein stolzes Volk eine Niederlage für sein Volk aufzeichnen würde?). Wir glauben, dass Jona von einem großen Fisch verschlungen wurde, ehe ein Zoologe auf die Idee kommt, den Schlund eines Wales zu messen und uns versichert, dass so etwas im Bereich des Möglichen liegt.

Wir akzeptieren, dass es in den Texten historische Probleme geben mag, doch wir glauben auch – und das ist wichtig – dass die biblischen Berichte, wären uns nur alle Fakten bekannt, sich als selbst in kleinsten Details verlässlich erweisen würden. Wir widersprechen aufs schärfste allen, die behaupten: »Nun ja, die Bibel ist ein religiöses Buch, wer kümmert sich da um historische Irrtümer?« Religion, wenn sie denn glaubhaft sein soll, muss sich auf Fakten stützen. Natürlich bleibt noch Raum für den Glauben, doch ein Glaube ohne faktische Grundlage ist nicht nur nutzlos, sondern zerstörerisch.

Wenn ein Buch, etwa über den ersten Weltkrieg, einige Fehler enthalten sollte, dann wäre unter Umständen nicht das ganze Buch damit diskreditiert. Der Verfasser kann eine ziemlich richtige Darstellung der Ereignisse liefern, doch einige seiner Informationen waren beschränkt zutreffend oder seine Haltung beeinflusste die Beurteilung einiger Einzelheiten. Einige seiner Quellen mögen zweifelhaft sein, doch mit ein paar Einschränkungen wäre der Rest des Buches durchaus brauchbar.

Das gilt nicht für die Bibel.

Die Bibel ist nicht einfach ein Geschichtsbuch, sondern ein *Lehr*Buch. Sie führt uns über den Bereich der menschlichen Erkenntnis hinaus. Wir haben schon erfahren, dass sie mehr als fünfzehnhundert Mal behauptet, das Wort Gottes zu sein. Wenn sie einige historische Fehler hat, dann könnte sie ebenso theologische Fehler enthalten. Wenn Mose nicht durch das Rote Meer gezogen ist, warum sollten wir dann glauben, dass Gott Mose am Sinai die zehn Gebote gegeben hat? Wenn Abraham Lot nicht aus den Händen der Stammeskönige gerettet hat, wie die Kritiker früher lehrten, dann können wir der Geschichte des Bundes Gottes mit Abraham nicht trauen. Wenn die Bibel falsche römische Herrscher angibt für die Zeit, zu der Josef nach Bethlehem reisen musste, warum sollten wir dann an die Jungfrauengeburt glauben? Denken Sie daran, entweder ist alles wahr, oder es ist alles mit Irrtümern behaftet.

Zweitens sind biblische Geschichte und biblische Theologie oft so eng mit einander verbunden, dass sie nicht mehr voneinander getrennt werden können. Ist die Kreuzigung Christi ein historisches Ereignis oder eine Lehre? Natürlich beides. Dasselbe gilt für den Sündenfall, den Auszug aus Ägypten, die Verkündigung des Gesetzes und die Auferstehung Jesu.

Die Bibel kann es sich nicht leisten, historische Irrtümer zu enthalten. Wir werden aufgefordert, ihren Lehren zu glauben, weil sie in ihren Berichten über historische Ereignisse verlässlich ist. Jesus fordert Nikodemus heraus: »Ihr glaubt mir ja nicht einmal, wenn ich von ganz alltäglichen Dingen rede! Wie also werdet ihr mir dann glauben, wenn ich euch erkläre, was im Himmel geschieht?« (Joh 3,12 Hfa). Wenn Gott spricht, dann ist er bei seinen Aussagen über Alltägliches genauso verlässlich wie bei seinen Informationen, die er über den Himmel gibt! Ja, die Verlässlichkeit bei irdischen Angelegenheiten gibt uns das Vertrauen in die Verlässlichkeit der Aussagen über himmlische Angelegenheiten, die sich schließlich außerhalb des Zugriffes menschlicher Untersuchungen befinden.

Denken Sie einmal darüber nach.

Einem Gelähmten sagte Jesus: »Kind, deine Sünden sind vergeben« (Mk 2,5). Natürlich spotteten Jesu Kritiker: »Was redet dieser so? Er lästert. Wer kann Sünden vergeben außer einem, Gott?« (V. 7).

Jesus wusste, was sie dachten und stellte eine herausfordernde Frage: »Was ist leichter? Zu dem Gelähmten zu sagen: Deine Sünden sind vergeben, oder zu sagen: Steh auf, nimm dein Bett auf und geh umher?« (V. 9).

Was hätten Sie darauf geantwortet? Offensichtlich ist es leichter zu *sagen*: »Deine Sünden sind vergeben«, ganz einfach, weil man leicht reden kann und es keine Möglichkeit gibt zu beweisen, dass die Sünden des Betreffenden nicht vergeben sind. Keiner hat je gesehen, wie die Sünden einen Menschen verlassen. Die Tatsache der Errettung kann empirisch nicht verifiziert werden. Ein Geistlicher kann einem Gemeindeglied sagen, dass seine Sünden vergeben sind, und es gibt keine Möglichkeit, das Gegenteil zu beweisen.

Doch wenn Sie oder ich sagen wollten: »Steh auf und geh!«, dann ist das etwas ganz anderes. Wir sollten doch besser wissen, dass wir zu unserem Wort mit einem sichtbaren Wunder stehen können! Sündenvergebung benötigt mehr Autorität als die Heilung eines Kranken, doch Jesus spricht hier von *Behauptungen*. Es ist sicherlich leichter zu behaupten, dass man Sünden vergeben kann, als einen Gelähmten zu heilen.

Beachten Sie Jesu ausschlaggebendes Argument: »Damit ihr aber wisst, dass der Sohn des Menschen Vollmacht hat, auf der Erde Sünden zu vergeben – spricht er zu dem Gelähmten: Ich sage dir steh auf, nimm dein Bett auf und geh in dein Haus« (V. 10-11). Sofort wurde der Mann geheilt, nahm seine Trage und ging nach Hause (vergl. Mk 2,1-12).

Die Argumentation Jesu lautet also: Meine Vollmacht, ein sichtbares Wunder zu vollbringen, verleiht meiner Vollmacht, ein unsichtbares Wunder zu vollbringen, Glaubwürdigkeit. Meine himmlische Vollmacht wird durch die irdische bestätigt. Hier haben wir ein historisches Ereignis als Grundlage für eine lehrmäßige Behauptung.

Die Schlussfolgerung hieraus lautet, dass die Bibel in Bezug auf irdische Ereignisse verlässlich sein muss, wenn wir ihre Aussagen über den Himmel glauben sollen. Wir können die Verfasser der Bibel nicht aus ihrer Verantwortung entlassen und ihre Irrtümer entschuldigen. In diesem Fall würden einige kleine Fehler die Glaubwürdigkeit der gesamten Bibel zerstören.

Also, ist die Bibel historisch zuverlässig? Schauen wir uns die vorliegenden Beweise an.

Der Beitrag der Archäologie

Unter biblischer Archäologie verstehen wir »Studien, gestützt durch Ausgrabungen, Entzifferung von Dokumenten und der kritischen Sichtung alter Berichte, soweit sie die Bibel betreffen.«[4] Die letzten 50 Jahre waren eine wirkliche Goldgrube der Archäologen.

Offensichtlich ist die Archäologie recht beschränkt in dem, was sie beweisen kann und was nicht. Es ist unrealistisch, dass sie die gesamte Geschichte des vorderen Orients rekonstruieren könnte. Von den Hunderten Orten, die in der Bibel erwähnt werden, sind viele, allerdings nicht alle, identifiziert worden. Wir können von der Archäologie nicht erwarten, dass sie jedes historische Problem löst, das wir in der Bibel finden.

Zweitens ist die Archäologie keine exakte Wissenschaft. Sie lebt von Fragmenten, unverbundenen Einzeltatsachen, die auch noch der subjektiven Interpretation des Forschers unterliegen. Wir sind allen dankbar, welche die Gebräuche, Werkzeuge und Baumaterialien der verschiedenen Zivilisationen studiert haben, welche ein Licht auf die Kultur der Bibel werfen. Wir sind für jeden Hinweis dankbar, der von entstehenden und vergehenden Kulturen hinterlassen worden ist. Doch die Archäologen sind sich oft selbst nicht einig, wie bestimmte Daten zu beurteilen sind.

Vor Jahren, als ich einen Sommer lang in Jerusalem studierte, kam eine Gruppe von Archäologen aus Ai zurück, um uns zu sagen, dass sie bereit wären, »das Buch Josua neu zu schreiben.« Sie behaupteten, dass sie Beweise ausgegraben hätten, dafür dass der Bericht Josuas nicht stimmt, und sie wüssten, wie sie seine Aufzeichnungen berichtigen könnten! Diese Studenten meinten, sie wüssten 3400 Jahre nach den Ereignissen besser Bescheid als jemand, der dabei gewesen ist! Ein bekannter Archäologe teilte die Meinung dieser Studenten nicht und glaubte sogar, dass sie das verkehrte Tell ausgegraben hätten. (Ein Tell ist ein künstlicher Hügel, der aus den verschiedenen Ebenen Schutts alter Städte entstand, die zerstört und wieder aufgebaut wurden.)

Diejenigen von uns, die glauben, dass die Bibel Gottes Wort ist, werden nicht erstaunt oder verunsichert sein, wenn eine bestimmte archäologische Entdeckung scheinbar der Bibel widerspricht. Meistens weist eine genauere Untersuchung darauf hin, dass der biblische Bericht doch verlässlich ist. Natürlich, wenn die Bibel sich wirklich in größeren Zusammenhängen irren würde, wenn sie der bekannten Geschichte des vorderen Orients widersprechen würde, wenn sie mythologische Städte erwähnen würde oder wenn sie historische Abläufe durcheinander brächte, die durch unabhängige historische Studien gesichert sind, dann würden wir zugeben, dass die Bibel von vorne bis hinten unzuverlässig ist.

Doch ganz im Gegenteil, die Mehrheit der archäologischen Funde hat die biblischen Geschichten erhellt und, wenn überhaupt, die Berichte der Bibel bestätigt. Wenn wir eine Liste von Entdeckungen anfertigen wollten, die den Bibelkritikern den Mund gestopft haben, dann würde diese Liste ziemlich lang werden. Wenn wir also die generelle Verlässlichkeit der Bibel in Betracht ziehen, dann ist es zweifelhaft, ob die Archäologie jemals eine Entdeckung machen wird, die zweifelsfrei beweist, dass die Bibel sich irrt.

Obwohl unser Glaube nicht vom nächsten archäologischen Fund abhängt, ist es doch gut zu wissen, dass mit der Zeit immer mehr archäologische Funde die biblischen Berichte bestätigen. Die Ungläubigen müssen zähneknirschend zugestehen, dass sich die Archäologie als Freundin, nicht als Feindin der Bibel erwiesen hat.

Dr. Henry Morris, ein christlicher Apologet und Wissenschaftler, schreibt: »Es ist angesichts der großen Masse von bestätigenden Beweisen über die biblische Geschichte dieser Zeit besonders bedeutsam, dass es heute nicht einen einzigen unzweifelhaften archäologischen Fund gibt, der die Bibel an einem Punkt des Irrtums überführen würde.«[5] Das *New International Dictionary of Biblical Archaeology* (Neues Internationales Wörterbuch der biblischen Archäologie), das von mehreren Autoren verfasst worden ist, die alle auf ihrem Gebiet anerkannte Fachleute sind, sagt in seinem Vorwort, dass die Archäologie die historische und geografische Verlässlichkeit der Bibel bewiesen hat. Es ist z. B. bekannt, dass neben den Hethitern die hebräischen Schriftgelehrten die besten Historiker im gesamten Nahen Osten sind, trotz der gegenteiligen Propaganda, die aus Assyrien, Ägypten und anderswoher kam.«[6]

Am bemerkenswertesten ist die Tatsache, dass Völker, Orte und Ereignisse der Bibel dort gefunden werden, wo die Bibel ihnen ihren Platz zuweist. Wie Hamilton geschrieben hat: »Die Schrift ist eine exakte Widergabe der Realität und kein ungeschickter Versuch, das Zeitkolorit viele Jahre nach den Ereignissen in einem Land zu rekonstruieren, das weit entfernt ist und ohne genaue Quellen zu haben, wie uns die Kritiker glauben machen wollen.«[7]

Alttestamentliche Archäologie

Wo sollen wir anfangen?

Unter den Hunderten von archäologischen Funden, die mit dem Alten Testament in Zusammenhang stehen, werde ich mich nur auf einige wenige beschränken. Ich fange mit dem Schöpfungsbericht an: Hat Mose seine Informationen von Gott erhalten, oder schrieb er einfach Berichte um, die schon existiert haben? Ein erstaunlicher archäologischer Fund zwingt uns, diese Frage zu stellen und sie zu beantworten.

Als Ninive ausgegraben wurde, wurden Tausende von Tontafeln gefunden, die zur Bibliothek des Königs Assurbanipal von Assyrien gehörten, der von 668 – 626 v. Chr. regierte. Unter diesen Schriftstücken fanden sich sieben zusammengehörende Tafeln, die auch »Schöpfungsepos« genannt werden. Sie führen sechs Schöpfungstage und einen Ruhetag an, was mit dem biblischen Schöpfungsbericht übereinstimmt. Auch ein babylonischer Schöpfungsbericht ist gefunden worden, der einige Ähnlichkeit mit dem Bericht in 1. Mose hat, doch mit heidnischem Polytheismus und unbiblischen Zusätzen durchmischt ist.

Der biblische Schöpfungsbericht ist in dieser Hinsicht

ganz anders. Zunächst gibt es den offensichtlichen Unterschied zwischen vielen Göttern des Heidentums und dem strengen Monotheismus des biblischen Berichts. In dem babylonischen Bericht bekommen männliche und weibliche Gottheiten Kinder als weitere Götter, Götter führen Kriege miteinander, schneiden einander in zwei Hälften, um den Euphrat durch das eine Auge und den Tigris durch das andere fließen zu lassen. Der Mensch, so wird behauptet, wird aus dem Blut einer bösen Gottheit erschaffen, das mit Ton vermengt wird.

Offensichtlich ist der babylonische Bericht stark korrumpiert und steht im starken Kontrast zu den schlichten, kraftvollen Worten: »Im Anfang schuf Gott die Himmel und die Erde.« In diesen Worten haben wir die Beschreibung des einen Gottes, der die Vollmacht über die Schöpfung und das Universum hat.

Zweitens vermischen die babylonischen Berichte Materie und Geist. Die ursprünglichen Götter sind Personifikationen kosmischer Materie, und ihre Nachkommen personifizieren den kosmischen Raum und Naturgewalten. In 1. Mose wird Gott als von der Materie zu unterscheiden dargestellt. Er ist der Herr, der Schöpfer, der von der Welt, die er geschaffen hat, unabhängig ist.

Doch die Ähnlichkeiten der Reihenfolge der Schöpfung kann kaum zufällig sein. Beide Berichte beginnen mit einem Chaos vor der Schöpfung, der Erschaffung des Lichtes, der Gestirne und der Erschaffung des Menschen, und am siebten Tage ruht die Gottheit. Offensichtlich müssen diese Berichte aus einer gemeinsamen Quelle geschöpft haben.

Weil die babylonischen Berichte mindestens einige hundert Jahre älter als 1. Mose sind, behaupten die Kritiker, dass Mose seine Information aus heidnischen Quellen geschöpft habe. Dabei nahm er angeblich die grobe Information und gab ihr eine monotheistische Färbung.

Ich bin jedoch der Meinung, dass es möglich sein könnte, dass Gott Mose inspiriert hat, den ursprünglichen Bericht ohne Polytheismus aufzuschreiben, doch ist dies unwahrscheinlich. Die Geschichte beweist, dass ein Autor, wenn er seine Informationen einem anderen Bericht entnimmt, diesen immer ausschmückt, ihn aber niemals vereinfacht. Wie A. R. Millard gesagt hat: »Alle, die ein Abschreiben der Hebräer vorschlagen oder vermuten, sind gezwungen, eine weitgreifende Revision, Veränderung und Uminterpretation anzunehmen, wie sie für keine andere Komposition des antiken vorderen Orient oder in irgendeiner hebräischen Schrift gefunden werden kann.«[8] Der Genesis-Bericht ist so einfach, so schlicht und ohne bildliche Ausschmückungen, dass sich eine andere Erklärung finden muss.

Ein wahrscheinlicherer Hergang ist, dass Gott seine Botschaft schon früheren Generationen offenbart hat, doch weil der Bericht mündlich weitergegeben worden ist, ist er verdorben worden. Bis zur Zeit der Niederschrift wurde er mit alten religiösen Mythen und sinnlichen Anspielungen vermischt. Der Grundbericht blieb erhalten, doch wurde er umgeformt, um den herrschenden religiösen Moden der Zeit zu entsprechen. Entsprechend anderer Beispiele haben die Babylonier den einfachen Bericht genommen und ihn beim Weitererzählen nach ihren jeweiligen religiösen Vorstellungen ausgeschmückt.

Gott hat Mose den Bericht offenbart, wie er ursprünglich gegeben wurde. Der babylonische Bericht bestätigt 1. Mose in dem Sinne, dass er auf eine Zeit hinweist, als die menschliche Rasse ein gemeinsames Wohngebiet und einen gemeinsamen Glauben hatte. *Er weist auf eine gemeinsame Überlieferung aus einer Zeit hin, als die frühen Zivilisationen ein gemeinsames Verständnis der Erschaffung der Welt hatten.*

Interessanterweise gibt es noch einen weiteren Fund in der Bibliothek des Assurbanipal. Es sind noch mehr Tontafeln gefunden worden, die man *Gilgamesch-Epos* nennt. Dies ist der babylonische Flutbericht. Und wieder wird die Geschichte aus polytheistischer Sicht berichtet, nämlich, dass die Götter einem Menschen namens Utnapischtim (dem Noah Mesopotamiens) den Auftrag gaben, eine Arche zu bauen, und dort den Samen alles Lebenden hineinzutragen. Die Arche wurde gebaut, eine Familie bestieg das Schiff, und die Flut kam wie angekündigt. Später setzte das Schiff auf dem Berg Nisir auf, und Utnapischtim sandte eine Taube, eine Schwalbe und einen Raben aus. Die Taube und die Schwalbe kehrten zurück, doch der Rabe sah, dass die Wasser sanken und kehrte nicht zurück. Als die Familie die Arche verließ, wurden den Göttern durch Utnapischtim Opfer dargebracht. Interessanterweise haben die Archäologen nicht weniger als dreiunddreißig verschiedene Versionen dieses Berichts über eine gigantische Flut zutage getragen, von denen nur zwei nicht mit dem biblischen Bericht übereinstimmen.[9]

Solche Geschichten legen nahe, dass eine solche Flut wirklich stattgefunden hat. Offensichtlich haben die Söhne Noahs, als sie sich über die Erde verstreuten, die Geschichte mitgenommen. Eine Generation erzählte sie der nächsten, doch weil die Überlieferung mündlich geschah, veränderte jedes Volk die Geschichte so, dass sie mit ihren Gottheiten und ihrem Gottesdienst zusammenpasste. Wir sollten weder erstaunt sein, dass es solche Berichte gibt, noch sollten wir erstaunt sein, dass sie sich so stark unterscheiden. Als Gott Mose inspirierte, 1. Mose zu schreiben, gab er ihm die Originalversion.

Außerdem wurde ein Denkmal in der Nähe von Ur in Chaldäa entdeckt, das den Turm zu Babel beschreibt. Es berichtet von König Ur-Nammu, dem von seinen Göttern befohlen wurde, einen Ziggurat (einen Turm) zu bauen. Dieses Denkmal ist etwa 3 m hoch und 1,5 m breit. Oben gibt es eine Inschrift in welcher der König die Werkzeuge für die Konstruktion auswählt. Die Friese darunter zeigen Männer an der Arbeit, wie sie Leitern aufrichten, als der Turm größer wird.

Interessanterweise wurde eine Tontafel ausgegraben, die uns erzählt, dass die Götter sehr verstimmt waren, und in einer einzigen Nacht alles Gebaute zerstörten, und dass das Volk sich in alle Länder zerstreute und ihre Sprache verwirrt wurde. Wieder ist die vernünftigste Erklärung, dass die Geschichte des Turmbaus zu Babel tatsächlich stattgefunden hat.[10]

Kritiker haben immer nur widerwillig archäologische Funde in ihr System aufgenommen, die biblische Berichte bestätigen. Hier sind ein paar Beispiele dafür, an welchen Stellen Kritiker ihre Meinung über die Zuverlässigkeit der Bibel ändern mussten:

- Jahrelang haben die Kritiker betont, dass die Geschichte der Rettung Lots durch Abram in 1. Mose 14 geschichtlich nicht haltbar sei. Sie behaupteten (1) dass die Namen der aufgeführten Könige erfunden seien, weil sie durch die säkulare Geschichtsschreibung nicht bestätigt wären, (2) dass die Vorstellung, dass der König von Babel dem König von Elam diente, historisch unmöglich sei und (3) die Geschichte, dass eine Mannschaft aus Anhängern Abrams die vereinigten Armeen von vier Königreichen besiegen könnten, absurd ist.

  Doch die Archäologie hat die Kritiker hier eines besseren belehrt. Die Namen einiger dieser Könige sind bestätigt worden. Außerdem gibt es Beweise, dass der König von Babel zu dieser Zeit Elam untertan war. Außerdem ist ein Denkmal gefunden worden, das eine kriegsähnliche Expedition der Art darstellt, um die es hier geht und bestätigt, dass ein Stamm einen anderen verfolgte, um einen Aufstand zu unterdrücken. Abram war schon in der Lage, Lot zu befreien und etwas von der feindlichen Beute mitzunehmen, ehe eine größere Armee zurückschlagen konnte.[11]

- Jahrzehntelang wurde behauptet, dass die Verfasser des Alten Testamentes das Volk der Hethiter erfunden hätten, weil ihre Existenz nicht aus unabhängigen Quellen bestätigt werden konnte. Doch in den Jahren 1911-1912 hat Professor Hugo Winckler aus Berlin eine Bibliothek von etwa zehntausend Tontafeln in Boghazköi gefunden, dem Ort, an dem die hethitische Hauptstadt lag. Die Existenz des Hethiterreiches ist heute vielfach bewiesen und bezeugt.

- Die Herrschaft Salomos und seine Tausende von Pferden umfassenden Ställe wurden ebenfalls in Frage gestellt. Doch in Megiddo, das eine der fünf Wagenstädte war, haben Ausgrabungen die Überreste von Tausenden von Ställen für seine Pferde und Streitwagen gefunden (vergl. 1Kö 10,26-29).

Jeden Monat werden neue archäologische Entdeckungen gemacht. So viele, dass eine Zeitschrift, die *Biblical Archaeological Review*, in jeder Ausgabe gedrängt voll solcher Berichten ist. Unser Verständnis des Lebens zur Zeit der Bibel wächst Jahr für Jahr. Und ebenso wächst unser Vertrauen, dass die Bibel ein Buch ist, das im Boden der nahöstlichen Geschichte verwurzelt ist, und das ihre Berichte glaubwürdig sind. Die Geografie der Bibel, ihre Chronologie und ihre Beschreibung der Entstehung und des Niederganges von Herrschern und Reichen entsprechen immer auch der säkularen Geschichtsschreibung. Wenn die Bibel in Bereichen verlässlich ist, die man nachprüfen kann, dann haben wir auch Grund, ihre Verlässlichkeit in Bereichen anzunehmen, die sich unseren Untersuchungen entziehen.

Im Jahr 1990 brachte das Nachrichtenmagazin *Time* einen Artikel über die Mauern von Jericho mit dem Titel: »Ein Punkt für die Bibel.«[12] Der Artikel beginnt mit einer Diskussion, ob die Eroberung Jerichos durch Josua eine Tatsache oder eine Legende ist. Er zitierte den Archäologen Brian Wood, der glaubt, dass die Mauern Jerichos gerade im richtigen Augenblick zusammengestürzt seien, um den biblischen Bericht zu untermauern. Wir können dankbar sein, dass das Nachrichtenmagazin *Time* der Bibel eine Punkt zugestand! Doch angesichts der großen Zahl archäologischer Beweise, welche die Schrift bestätigen, wäre die Überschrift: »Ein Punkt für *das Time*-Magazin!« wohl nicht ganz verkehrt gewesen.

Neutestamentliche Archäologie

Die Kritiker haben immer wieder behauptet, dass der Bericht des Lukas über die Geburt Christi von historischen Ungenauigkeiten nur so wimmelt. Sie behaupten, dass Augustus zu dieser Zeit gar keine Volkszählung angeordnet hätte, und dass Quirinius zu einem späteren Zeitpunkt Statthalter von Syrien war. Und weiter, so behauptete man, wenn wirklich eine Volkszählung stattgefunden habe, dann war es nicht notwendig, dass man in seine Heimatstadt ging, sondern die Steuer da bezahlte, wo man wohnte. Und schließlich behauptete man, dass es nicht notwendig war, dass die gesamte Familie das Familienoberhaupt begleitete.

William Ramsey, ein verdienter Historiker und Archäologe, versuchte zu beweisen, dass die Geschichte des Lukas voller Irrtümer sei, doch überraschten ihn seine eigenen Studien. Er sagte: »Die Geschichte des Lukas ist in ihrer

Zuverlässigkeit unübertroffen. Er entdeckte, dass Cyrenius zweimal Statthalter von Syrien war, und zwar einmal zur Zeit der Geburt Christi und dann noch einmal später. Der Verlauf der Volkszählung zeigt, dass die Volkszählung, von der Lukas berichtet, im Jahr 5-6 stattfand, also in dem Zeitraum, der allgemein für die Geburt Christi angesetzt wird.

Weiter gibt es ein antikes Dokument, das bestätigt, dass die Einwohner in ihre Geburtsstädte zurückkehren mussten, wenn eine Volkszählung stattfand: »Gaius Vivius, Präfekt von Ägypten. Wegen der kommenden Volkszählung ist es notwendig, dass alle, die aus irgendeinem Grunde von ihrem eigenen Distrikt entfernt wohnen, sich darauf vorbereiten, sofort zu ihrem eigenen Verwaltungssitz zurückzukehren, damit die Familienverwaltung die Aufzeichnung abschließen kann, damit sie das gepflügte Land behalten können, das ihnen gehört.«[13]

Platzmangel verbietet mir, die vielen archäologischen Funde aufzuführen, die neutestamentliche Stätten und Ereignisse bestätigt oder erhellt haben. Hier nur einige wenige:

- Die Existenz des Teiches Bethesda mit fünf Säulenhallen (Joh 5,2)

- Pilatus, dessen Existenz zweifellhaft war, wurde als hochstehender römischer Beamter bei der Entdeckung des Pilatus-Steins in Caesarea bestätigt.

- Ein Altar für einen »unbekannten Gott« ist in Athen entdeckt worden (Apg 17,23).

Ganze Bücher sind geschrieben worden, welche die historische Exaktheit der Bibel in Geografie, Chronologie, Geschichte der Reiche und Bräuche der Zeit bestätigen.

Eine Bewertung der Dokumente des Neuen Testamentes

Am besten beweist man die Exaktheit der neutestamentlichen Dokumente indem man sie mit den gleichen Maßstäben beurteilt, die für jedes andere historische Dokument auch gelten. John Warwick Montgomery hat in seinem Buch *History and Christianity* (Geschichte und Christentum) drei Prüfungen beschrieben, die er einem Buch zur Militärgeschichte entnommen und angepasst hat. Sie lassen sich auf das Neue Testament anwenden.[14]

Zunächst gibt es die *biografische* Prüfung, welche die Texttradition erforscht, über die uns ein Dokument überliefert ist. Diese Prüfung beantwortet die Frage: Da wir die Originaldokumente nicht mehr haben, ist der uns vorliegende Text aus verlässlichen Quellen geschöpft? Da es zwischen den Originalen und den Kopien, die heute existieren, eine Lücke von etwa 250 Jahren gibt, können wir sicher sein, dass es eine zuverlässige Überlieferung des Textes gibt?

Die Antwort ist ein klares und deutliches *Ja*. Lesen Sie die Worte von Sir Frederic Kenyon, der früher einmal Direktor und leitender Bibliothekar des Britischen Museums war:

> In keinem anderen Fall ist der zeitliche Abstand zwischen der Abfassung des Buches und dem Datum des frühesten existierenden Manuskripts so kurz wie beim Neuen Testament. ... Wir glauben, dass wir im wesentlichen einen genauen Text der sieben existierenden Theaterstücke des Sophokles haben, doch das früheste ausführliche Manuskript, auf dem unser Text basiert, wurde mehr als 1400 Jahre nach dem Tod des Dichters geschrieben. Aeschylos, Aristophanes und Thucydides stehen etwa auf demselben Stand, während sich der Abstand für Euripides auf 1600 Jahre vergrößert. Für Plato können

wir 1300 Jahre ansetzen, und für Demosthenes etwa 1200.[15]

Und wenn Sie sich noch immer Sorgen wegen den etwa 250 Jahre Abstand machen, dann bedenken Sie, dass wir den Text des Neuen Testaments unabhängig von diesen Manuskripten bestätigen können durch: (1) Papyri, die in Ägypten gefunden wurden, die teilweise auf das Jahr 125 n. Chr. datiert werden können, die Teile des Neuen Testaments enthalten. Auch haben wir (2) als weiteren Beweis ausführliche Zitate aus dem Neuen Testament, die sich in den Schriften der frühen Kirchenväter finden, die zeigen, dass ihnen die neutestamentlichen Schriften bekannt waren und diese denselben Inhalt hatten wie heute.

Lassen Sie mich nochmals Kenyon zitieren:

> Die Zeit, die wir zwischen dem Datum der ersten Abfassung und den frühesten existierenden Beweisen haben, ist so gering, dass sie in der Tat vernachlässigbar ist, und heute ist auch der letzte Zweifel darüber, ob die Schrift uns so überliefert wurde, wie sie niedergeschrieben wurde, beseitigt. Sowohl die Authentizität als auch die generelle Glaubwürdigkeit der Bücher des Neuen Testaments kann man heute als endgültig bewiesen annehmen.[16]

Selbst wenn wir zugeben, dass die Abschreiber Fehler gemacht haben, auch wenn wir noch dazurechnen, dass die verschiedenen Manuskripte kleinere Variationen haben, haben wir einen verlässlichen biblischen Text, auf dem unser Glaube gründet. Durch unterschiedliche Schreibweisen, Wortfolgen oder die Einfügung eines erklärenden Wortes oder Ausdrucks wird keine Lehre beeinträchtigt.

Die zweite Prüfung betrifft die *innere Struktur*, d. h. die

Behauptungen der Verfasser selbst. Behaupten sie, dass sie Augenzeugen sind? Oder haben sie wenigstens verlässliche Quellen, aus denen sie geschöpft haben? Johannes behauptet, ein Augenzeuge der Ereignisse seines Evangeliums zu sein und sagt ausdrücklich, dass er bei der Kreuzigung Jesu anwesend war (Joh 19,35). Lukas berichtet uns, dass ihm mehrere Berichte über das Leben Christi vorlagen und dann fährt er fort: »Es hat auch mir gut geschienen, der ich allem von Anfang an genau gefolgt bin, es dir, vortrefflichster Theophilus, der Reihe nach zu schreiben, damit du die Zuverlässigkeit der Dinge erkennst, in denen du unterrichtet worden bist« (Lk 1,3-4).

Die Verfasser des Neuen Testamentes machen sich nicht durch innere Widersprüche oder mystische Textpassagen unglaubwürdig. Ihre eigenen Zweifel und ihre Skepsis führten zu großer Sorgfalt bei der Suche nach der Wahrheit, damit sie glaubwürdige Berichte abfassen konnten. Viele Bücher des Neuen Testamentes wurden zu einer Zeit geschrieben, als noch Menschen lebten, welche die aufgezeichneten Ereignisse selbst erlebt haben. In einigen Fällen rufen die Autoren dazu auf, sich von anderen bestätigen zu lassen, dass das Geschriebene korrekt ist. Als Paulus für die leibliche Auferstehung Jesu argumentiert, erinnerte er an die Zeugen, die noch lebten, die seine Behauptungen untermauern konnten (1Kor 15,6).

Schließlich gibt es *äußere* Beweise. Bestätigen oder widersprechen andere historische Quellen dem Inhalt des zu prüfenden Dokumentes? Hier können wir die archäologischen Funde aufführen, die wir schon oben zitiert haben. Wir können auch viele Zitate der Kirchenväter heranziehen sowie die Tatsache, dass Christus von antiken Historikern wie Tacitus erwähnt wurde.

Am interessantesten ist die Tatsache, dass der berühmte Historiker Josephus die Auferstehung Christi erwähnt.

> Zu dieser Zeit gab es einen Weisen namens Jesus, und sein Benehmen war gut und man wusste, dass er tugendhaft ist. ... Pilatus verurteilte ihn zum Tod am Kreuz. Doch diejenigen, die seine Jünger geworden waren, folgten ihm weiter nach. Sie berichteten, dass er ihnen drei Tage nach seiner Kreuzigung erschienen sei und dass er lebe.[17]

Das Nachrichtenmagazin *Time* hatte ganz recht, als es schrieb: »Die Atheisten können es kaum erwarten zu beweisen, dass die ganze Geschichte ein Märchen ist.« Doch das ist ein Märchen, das man nicht wegerklären kann. Lassen Sie uns auf Bernard Ramm hören:

> Wie oft ist über der Bibel schon die Totenglocke geläutet worden, das Begräbnis arrangiert, die Schrift in den Grabstein gemeißelt und die Totenmesse gehalten worden. Doch irgendwie steht die Leiche immer wieder auf.
>
> Kein anderes Buch ist so zerstückelt, zerhackt, gesichtet, begutachtet und verleumdet worden. Welches philosophische, religiöse, psychologische Buch, welche Literatur, ob klassisch oder modern, ist solch einer massiven Attacke der Kritik ausgesetzt worden wie die Bibel? Mit solcher Skepsis behandelt, mit so viel Bosheit überschüttet worden? So gründlich und von so vielen Gelehrten? Jedes Kapitel, jede Zeile, jedes I-Tüpfelchen?
>
> Doch die Bibel wird noch heute von Millionen geliebt und studiert.[18]

Vielleicht ist der Grund für die Langlebigkeit der Bibel nicht bei den Verfassern zu finden, sondern bei dem Gott, der sie inspirierte. »Das Gras ist verdorrt, die Blume ist verwelkt. Aber das Wort unseres Gottes besteht in Ewigkeit« (Jes 40,8).

Wir glauben der Bibel, wenn sie sagt, dass Abram gegen die Könige kämpfte, um Lot zu befreien. Wir glauben ihr auch, dass Quirinius Statthalter von Syrien war. Und wir glauben ihr ebenfalls, wenn sie sagt: »Wenn jemand nicht von neuem geboren wird, kann er das Reich Gottes nicht sehen« (Joh 3,3).

Wie schon betont, ist mehr am christlichen Glauben als nur die Glaubhaftigkeit der historischen Angaben der Bibel zu akzeptieren. Doch der Übergang von der biblischen Geschichtsschreibung zur Theologie der Bibel macht einen Glaubensakt notwendig, der von Gott geschenkt wird. Doch wären die historischen Angaben der Bibel voller Irrtümer, dann wären auch ihre theologischen Lehren fragwürdig.

Die Verfasser des Neuen Testamentes wussten, dass ihr Glaube auf Tatsachen basiert. Petrus war Augenzeuge der Verklärung Jesu und schrieb: »Denn wir haben euch die Macht und Ankunft unseres Herrn Jesus Christus kundgetan, nicht indem wir ausgeklügelten Fabeln folgten, sondern weil wir Augenzeugen seiner herrlichen Größe gewesen sind« (2Petr 1,16). Wie dieses Buch versucht aufzuzeigen, gibt es für Suchende genügend Beweise, nicht jedoch für diejenigen, die auf ihre Skepsis stolz sind. Die Herzenshaltung ist genauso wichtig wie Vernunftgründe.

DENKANSTOß

Die Rollen vom Toten Meer

Wir werden oft gefragt: Woher wissen Sie, dass die Bibel, die wir heute in Händen halten, zuverlässig überliefert worden ist? Weil die heutigen Manuskripte Kopien von Kopien sind, wie können wir da wissen, ob dieser Text genau tradiert wurde? Wir haben diese Frage schon in Bezug auf das Neue Testament beantwortet, doch wie steht es mit dem Alten Testament?

Die Entdeckung der Rollen vom Toten Meer hat bestätigt,

dass sich der Text des Alten Testamentes über die Jahrhunderte nicht wesentlich verändert hat. Hier nun eine Zusammenfassung über den wichtigsten archäologischen Fund überhaupt:

Im März 1947 verirrte sich ein Beduine, als er beim Toten Meer nach einer entlaufenen Ziege suchte. Er warf einen Stein, um andere Tiere abzuwehren. Dabei hörte er, dass etwas durch den Steinwurf zerbrochen war. Gemeinsam mit einem Gefährten ging er in die Höhle. Dort sahen sie mehrere große Gefäße, die Lederrollen und Papyri enthielten, die in Stoff eingewickelt waren. Sie schmuggelten sie über die Grenze zwischen Israel und Jordanien, die dort zu der Zeit entlanglief und fanden einen Antiquitätenhändler in Bethlehem, der sie für einen geringen Betrag aufkaufte. Der Händler berichtete einem syrischen Gelehrten in Jerusalem über diese Rollen, doch konnte er keine Angaben zu Alter und Bedeutung der Manuskripte machen. Der Syrer kaufte einige der Manuskripte und lagerte sie im Markuskloster in der Altstadt Jerusalems.

Als der syrische Gelehrte erkannte, dass diese Manuskripte von beachtlichem Wert für die Forschung sein könnten, suchte er Rat bei der *Ecole Biblique*, einem französischen Institut der Dominikaner in Jerusalem, das sich mit biblischen und archäologischen Forschungen beschäftigte. Ein niederländischer Professor besuchte das Kloster, untersuchte einen der Texte und erkannte, dass es sich um eine alte Kopie des Propheten Jesaja handelte. Als er zu seinen Kollegen an der *Ecole Biblique* zurückkehrte, versicherten sie ihm, dass kein solch altes Manuskript heute noch existieren könnte, deshalb wurde die Angelegenheit nicht weiter verfolgt.

Schließlich besuchten zwei Bibliothekare der Hebräischen Universität Jerusalem das Kloster und erkannten, dass es nötig wäre, diese Manuskripte durch Paläologen beurteilen zu lassen (die Paläologie ist die Wissenschaft von antiken Schriftformen). Als Professor E. L. Sukenik von der Hebräischen Universität im November 1947 aus Amerika nach Jerusalem zurückkehrte, erkannte er, das es sich »um einen der bedeutendsten Funde handeln könnte, die je in Palästina gemacht wurden.« Und er sollte recht behalten.

Bis zu diesem Zeitpunkt waren weitere Rollen entdeckt worden, und die Höhlen der Umgegend wurden gründlich nach weiteren Manuskripten durchsucht. Insgesamt gab es 14 bedeutende Funde, einschließlich einer Höhle, von der man annahm, dass sie eine Materialbibliothek sei.

Woher kamen nun diese Schriftrollen?

Im Jahr 140 v. Christus verließ eine Gruppe von Menschen Jerusalem, die man die Essener nannte. Sie lebten in den trockenen unfruchtbaren Höhlen der judäischen Berge. Die Siedlung Qumran, wie sie genannt wurde, sollte die Reinheit der Priesterschaft erhalten, und zwar durch das genaue Einhalten des mosaischen Gesetzes und der Propheten.

Etwa im Jahre 60 n. Chr. wurde Rom der ständigen Rebellion der Juden müde und beschloss, sie endgültig im ganzen Lande zu vernichten, einschließlich der essenischen Gemeinschaft. Als die römischen Truppen Jericho verließen, um Qumran zu erobern, versteckten die Essener sofort ihre Schriften in nahegelegenen Höhlen und flohen in der Hoffnung in die Berge, dem Zorn der Römer zu entgehen. Auf diese Weise lagen die Rollen fast zweitausend Jahren in den Höhlen!

Welche Bedeutung haben sie für uns?

Ehe man diese Rollen fand, waren die ältesten bekannten Rollen frühestens auf etwa 800 n. Chr. zu datieren. Diese Ausgaben des hebräischen Alten Testamentes sind als »Masoretischer Text« bekannt, so benannt nach einer Gruppe von Gelehrten, die man die »Masoreten« nannte. Diese gaben sich große Mühe, die Texte des Alten Testamentes zu kopieren und sicherzustellen, dass sie mit den verlässlichsten Manuskripten übereinstimmten.

Es ist nicht erstaunlich, dass die ältesten Texte des hebräischen Alten Testamentes nur auf 800-1000 n. Chr. zurückgehen. Unser ältestes Manuskript von Plato und Aristoteles stammen aus den Jahren um 1600 und doch hat keiner jemals die Frage gestellt, ob die Texte eine treue Wiedergabe dessen sind, was diese beiden Philosophen ursprünglich geschrieben haben. Es ist einfach eine Tatsache, dass Manuskripte nur selten mehrere hundert Jahre überdauern, wenn sie nicht an einem trockenen und kühlen Ort lagern, wie das bei den Höhlen der Fall war, in denen die Qumran-Rollen gefunden wurden.

Wenn man die Originalschriften nicht hat, ist es am besten, zu den ältesten Texten zurückzukehren. Das haben uns die Rollen vom Toten Meer nun ermöglicht.

Diese Rollen sind zwischen 800 und 1000 Jahre älter alle anderen vorher bekannten Manuskripte. Es sind Teile aus allen Büchern des Alten Testamentes gefunden worden mit einer Ausnahme: Esther. Interessanterweise wurden keine Abschriften der Apokryphen gefunden. Am wichtigsten war die vollständige Rolle des Propheten Jesaja. Sie hat den Forschern eine wunderbare Gelegenheit gegeben, die Texte der Rollen mit den vorher bekannten Manuskripten zu vergleichen.

Die Schlussfolgerung?

Zunächst einmal sind die Qumran-Rollen *eine unabhängige Bestätigung der Texte unseres gegenwärtigen Alten Testamentes*. Z. B. konnte gezeigt werden, dass der Jesaja-Text der Rollen im Wesentlichen mit dem heute als Masoretischem Text bekannten identisch ist. Dr. Gleason Archer stellt fest, dass die beiden Kopien des Jesajabuches, die in den Höhlen gefunden wurden »sich in über 95% des Textes als wort- und buchstabengleich erwiesen haben. Die 5 %

Abweichungen bestanden in der Mehrzahl in Schreibfehlern und unterschiedlicher Rechtschreibung.«[19]

Hier ein Beispiel:

> Von den 166 Worten in Jesaja 53 gibt es nur siebzehn Buchstaben [die in den Qumran-Rollen vom Masoretischen Text abweichen]. Zehn dieser Buchstaben betreffen nur unterschiedliche Schreibweisen, wodurch die [Bedeutung] sich nicht verändert. Vier weitere Buchstaben betreffen kleinere stilistische Abweichungen wie Konjunktionen. Die restlichen drei Buchstaben sind das Wort »Licht«, das in Vers 11 zugefügt wurde und die Bedeutung kaum verändert.[20]

Welch eine Ermutigung erhalten wir durch die Tatsache, dass viele Gelehrte annehmen, dass der masoretische Text noch zuverlässiger ist als der Jesaja der Qumran-Rollen! Das bedeutet, dass die Bibel, welche die Menschen viele Jahrhunderte hindurch gelesen und geliebt haben, auf besseren Texten als die Qumran-Rollen basieren!

Millar Burrows schreibt in seinem Buch »Die Rollen vom Toten Meer«: »Es gleicht einem Wunder, dass in etwa 1000 Jahren der Text so wenige Veränderungen erfahren hat.«[21]

Denken Sie nur daran, dass die Schriftgelehrten die Wörter und sogar Buchstaben zählten, wenn sie eine Seite abgeschrieben hatten, um sicherzustellen, dass die Manuskripte nicht verändert wurden. Dank solcher Anforderungen an die Genauigkeit ist der hebräische Text des Alten Testamentes, wie er den Forschern vorliegt, im wesentlichen dem Original gleich. Die Qumranrollen haben nur bestätigt, wie genau die schriftliche Überlieferung gewesen ist.

Zweitens müssen wir darauf hinweisen, dass einer der Texte der Qumranrollen von einem »Führer« spricht, »der zu Tode gebracht wird.« Der Text benutzt Ausdrücke, die normalerweise mit dem Messias in Zusammenhang gebracht werden, nämlich »Wurzel Jesse«, »Stamm Davids« und »Stab.« Das zeigt, dass es zur Zeit Jesu Juden gab, die an einen Messias glaubten, der leiden und sterben würden, im Gegensatz zur Mehrheit des Volkes, das einen politischen Messias erwartete.[22]

Ich schließe mit den Worten von Millar Burrows: »Der Bibelleser kann befriedigt feststellen, das keine einzige Abweichung unser Verständnis der Lehren der Bibel verändert.«[23]

Anmerkungen

1 *Time* v. 18.12.1995, S. 67.
2 Ebd. S. 68.
3 Ebd. S. 70.
4 *The New American Standard Open Bible*, zitiert bei: John Ankerberg, John Weldon, *Ready With an Answer*. Eugene, Oregon: Harvest 1997, S. 260.
5 Ankerberg, Weldon, *Ready with an Answer*, S. 262.
6 Ebd., S. 269.
7 Floyd E. Hamilton, *The Basics of the Christian Faith*. New York: Harper 1946, S. 172.
8 Clifford A. Wilson, *Rocks, Relics and Biblical Reliability*, Grand Rapids: Zondervan 1977, S. 23.
9 Robert T. Boyd, Boyd's Handbook of Practical Apologetics, Grand Rapids: Kregel 1997, S. 143.
10 Ebd, S. 145.
11 Hamilton, *Basics of Christian Faith*, S. 175-77.
12 »Score One for the Bible«, *Time* vom 5. März 1990, S. 59.
13 Boyd, *Handbook of Practical Apologetics*, S. 185-86.
14 John Warwick Montgomery, *History and Christianity*, Minneapolis: Bethany 1965, S. 25 – 35.
15 Ebd., S. 26-27.
16 Ebd., S. 28.
17 Josephus, *The Essential Writings*, Hrsg.: Paul Maier. Grand Rapids: Kregel 1988, S. 264.

18 Bernard Ramm, *Protestant Christian Evidences.* Chicago: Moody 1957, S. 232-33.
19 Norman L. Geisler, William E. Nix; *A General Introduction to the Bible*, rev. and exp. ed. Chicago: Moody 1986, S. 367.
20 Anon. General Introduction to the Bible. Chicago: Moody 1968, S. 263.
21 Milar Burrows, The Dead Sea Scrolls. New York: Viking 1958, S. 304, zitiert bei Geisler/Nix, *A General Introduction to the Bible*, 1986, S. 367.
22 Boyd, *Handbook of Practical Apologetics*, S. 175-77.
23 Geisler, Nix, *A General Introduction to the Bible*, 1968, S. 263.

Der dritte Grund

Die Prophetie – die Vorhersagen der Bibel

Wenige Tage vor dem Tode von Prinzessin Diana hat eine Seherin vorhergesagt, dass sie Dodi Al Fayed heiraten würde. Diese Prophetin hätte besser eine mehrdeutige Aussage gemacht, die man rückblickend auch anders hätte interpretieren können, oder noch besser, mehrere solcher Aussagen, von denen dann eine den Fakten hätte angepasst werden könne. Zweifellos haben diejenigen ihrer Kunden ihr schon lange vergeben, die sich von ein paar falschen Voraussagen nicht beunruhigen lassen. »Mystik« zählt in diesem Geschäft, nicht Wahrheit.

Prophetie kann Spaß machen. Wenn Sie nur einmal die Zukunft voraussagen können, werden Ihre Freunde Sie respektieren und Menschen, denen Sie nie begegnet sind, werden bewundernd vor Ihrer Macht und Ihrem Einfluß stehen. Doch Ihre besten Verbündeten dabei sind Mehrdeutigkeit, Rätselhaftigkeit und Bedingungen (»wenn *dies* geschieht, dann passiert *jenes*«). Solche mehrdeutigen Aussagen werden Sie in die Lage bringen, eine Vorhersage umzuinterpretieren. Ihr Ruf ist wichtig, klare Aussagen hingegen nicht.

Schauen wir uns Nostradamus an.

Die Vorhersagen des Nostradamus

Dieser berühmte Wahrsager versetzte sich manchmal in Trance, indem er mit aufrechtem Rückgrat auf einem bronzenen Dreibein sass, dessen Beine im gleichen Winkel ausgerichtet waren wie die Pyramiden. Er berichtet: »Ich leerte meine Seele, mein Gehirn und mein Herz von allen Sorgen und erreichte einen Zustand der Gelassenheit.« Dann schaute er in eine Schüssel mit dampfendem Wasser. Während der Wasserdampf aufstieg, zeichnete er seine Voraussagen in fast tausend vierzeiligen Versen auf, die er in zehn Abschnitte gliederte. Sie sind in einem Mischmasch aus Französisch, Alt-Provenzalisch und Lateinisch geschrieben.

Die Gelehrten verwunderte, dass er erstaunliche Wortspiele, Anspielungen, Zahlencodes und mysteriöse Anagramme einflocht. Dann, um alles noch verwirrender zu machen, brachte er absichtlich die Reihenfolge der Verse durcheinander, um ihre Chronologie zu verbergen. Obwohl er im Jahr 1566 in Frankreich lebte, glauben viele, dass er Ereignisse vorausgesagt hat, die bis in das Jahr 8000 reichen!

Nostradamus stammte aus einer Familie mit langen Ahnenreihen von Hellsehern ab und war schon früh der Überzeugung, dass die Prophetie sein Schicksal sei. Er studierte in Avignon und verbrachte die meiste Zeit mit Studien des Okkultismus und der Astrologie. Schon bald suchte ihn der Adel Frankreichs auf, um ihn um Rat zu fragen und von seinen unheimlichen Vorhersagen zu profitieren.

Wie viel wusste Nostradamus? Einige glauben, dass er sogar den Aufstieg Hitlers vorausgesagt hat. Lassen Sie mich eine seiner berühmten Prophezeiungen zitieren, so dass Sie sich selbst ein Bild von der Klarheit seiner Aussagen machen können.

> In dem bald kommenden Jahr nicht weit von Venus
> Werden, sagt man, die Größten in Asien und Afrika
> Vom Rhein und von der Ister kommen,
> Weinen und Tränen sollen in Malta und der Italienischen Küste sein.[1]

Wenn Sie Hitler in dieser Prophezeiung nicht erkennen konnten, dann sagen uns die Anhänger des Nostradamus, dass der Name *Ister* »Hitler« bedeutet. Doch ist es wesentlich wahrscheinlicher, dass *Ister* der Name eines Flusses ist, weil eine andere Version derselben Prophezeiung sagt: »Vom Rhein und der unteren Donau sollen sie, sagt man, kommen.«

Wenn Sie noch immer verwirrt sind, dann haben wir hier eine Vorhersage, welche die Experten für eine Vorhersage von Hitler's Tod halten:

> Der, der durch Eisen seinen Vater vernichtet; geboren in Nonnaire,
> Wird am Ende das Blut der Gorgonen tragen
> Wird in einem fremden Land alle so still machen,
> Dass er sich selbst verbrennen wird und seine Doppeldeutigkeiten.[2]

Ist es ein Wunder, dass die Gelehrten sich streiten, wie man diese Zeilen auszulegen hat? Nur durch geniales Hineininterpretieren, durch unterstellte Mehrdeutigkeit und eine lebhafte Phantasie kann man diese Prophetien passend machen.

Lesen Sie diesen Vierzeiler und versuchen Sie, ob sie erraten können, welche Ereignisse des 20. Jahrhunderts Nostradamus gemeint haben könnte:

> Der Große wird am Tage von einem Blitz niedergestreckt,
> Die böse Tat vorhergesagt von dem Überbringer einer Bittschrift;
> Nach der Vorhersage fällt ein anderer des Nachts.
> Krieg in Reims, London und Pest in der Toskana.[3]

Dies soll, so wird uns gesagt, das Attentat auf Präsident Kennedy und den Mord an seinem Bruder Robert beschreiben.

Selbst wenn wir zugeben, dass Kennedy von einem »Blitz niedergestreckt« wurde, fragen wir uns noch immer, wer der »Überbringer der Bittschrift« sein könnte; und wenn der, der »fällt«, Robert Kennedy ist, was sollen dann die Hinweise auf Reims, London und »Pest in der Toskana«?

Andere Nostradamusforscher interpretieren diesen Vierzeiler ganz anders. Sie sehen eine Verbindung zum Einmarsch Hitlers in der Tschecheslowakei und der Feindschaft zwischen Frankreich und England. Vielleicht verstehen wir jetzt etwas besser, warum die Nostradamus-Ausleger sich kaum über die Bedeutung eines einzigen seiner Texte einig sind. Während des zweiten Weltkrieges hat Hitler Nostradamus sogar für seine Zwecke interpretiert, und die Alliierten sahen in denselben Prophezeiungen ein Omen für ihren eigenen Sieg.

Was können wir über diese Prophezeiungen sagen?

Zunächst einmal sind viele davon einfach zu verworren, um sie interpretieren zu können. Z. B. hat er an einer Stelle sogar ein Datum angegeben: Er erwähnt den Antichristen im Zusammenhang mit dem Jahr 1999. Einige Meinen, dass 1999 das Jahr sei, in dem der Antichrist offenbart wird, andere sagen, er werde in diesem Jahr geboren. Obwohl das Datum ganz konkret ist, können wir nur raten, was nun angeblich geschehen soll.

Zweitens müssen wir großzügig genug sein einzugestehen, dass es einige Vorhersagen gibt, die wahrscheinlich zutreffend waren. An einem seiner besseren Tage hat Nostradamus sicherlich einige lokale Ereignisse korrekt vorausgesagt, und vielleicht ahnte er auch etwas von einigen globalen Ereignissen.

Wenn wir jedoch davon ausgehen – und ich glaube, davon müssen wir ausgehen – dass ein Mensch ohne Hilfe von außen die Zukunft nicht voraussagen kann, müssen wir fragen: Woher bezog Nostradamus seine Informationen?

Nach der Bibel gibt es nur zwei mögliche Quellen: Gott oder Satan.

Dass Nostradamus seine Informationen nicht von Gott erhalten haben kann, ist aus zweierlei Gründen offensichtlich. Erstens verletzte er das ausdrückliche Gebot des Wortes Gottes, sich nicht mit Astrologie zu beschäftigen. Gott warnte sein Volk, von den Sternen Antworten für ihr Leben zu erhoffen. Und deshalb hat der französische Prophet diese Informationen aus einer von Gott ausdrücklich verbotenen Quelle geschöpft (s. Jes 47,12-14).

Zweitens geben selbst seine hartnäckigsten Verehrer zu, dass Nostradamus sich öfters geirrt hat. Die Bibel stellt aber ganz eindeutig klar, dass er, wenn er sich nur einmal geirrt haben sollte, als falscher Prophet verurteilt werden sollte. Der Grund dafür ist einleuchtend genug: Wenn ein Prophet seine Offenbarungen von Gott erhält, wird er in 100 Prozent der Fälle richtig liegen. Deshalb sollte in der Zeit des Alten Testamentes ein falscher Prophet gesteinigt werden (5Mo 18,20-22).

Denken Sie daran, dass auch falsche Propheten ab und zu die Zukunft richtig voraussagen können. In demselben Abschnitt warnt Gott uns, dass eine zutreffende, einzelne Voraussage noch nicht beweist, dass die Lehre dieses Propheten richtig ist.

> Wenn in deiner Mitte ein Prophet aufsteht oder einer, der Träume hat, und er gibt dir ein Zeichen oder ein Wunder, und das Zeichen oder das Wunder *trifft ein*, von dem er zu dir geredet hat, indem er sagte: »Lass uns anderen Göttern – die du nicht gekannt hast -nachlaufen und ihnen dienen«, dann sollst du nicht auf die Worte dieses Propheten hören oder auf den, der die Träume hat. Denn der Herr, euer Gott, prüft euch, um zu erkennen, ob ihr den Herrn, euren Gott, mit eurem ganzen Herzen und

mit eurer ganzen Seele liebt. ... Und jener Prophet oder der, der die Träume hat, soll getötet werden. Denn er hat Abfall vom Herrn, eurem Gott, gepredigt. (5Mo 13,1-3.5; Hervorhebung v. Autor)

Ein falscher Prophet kann auch einmal recht haben, doch nur Gott hat immer recht. Wenn Nostradamus heute sehen könnte, wie Filmschauspieler und Politiker sich bemühen, seine Voraussagen »passend« zu machen, wäre er sicher erstaunt über die Aufmerksamkeit, die seine durcheinandergebrachten Prophezeiungen erhalten. Er würde sich sicherlich über die Mühen wundern, die einige fehlgeleitete Menschen auf sich nehmen, um verborgene Bedeutungen und Anspielungen auf historische Ereignisse in seinen Schriften zu finden.

Wir sind froh, dass es ein Buch gibt, das so eindeutige und genaue Prophezeiungen enthält, dass wir schlussfolgern müssen, dass seine Verfasser von Gott inspiriert wurden.

Die biblische Prophetie

Die biblischen Prophezeiungen sind nicht in Rätseln oder komplizierten Anspielungen geschrieben. Es werden Orte, Ereignisse und sogar Menschen ausführlich erwähnt. Wir können über das wann, wie und warum nachdenken, doch wir bleiben nicht mit einem halben Dutzend verwirrender Interpretationen zurück. Die Sprache der biblischen Propheten ist unkompliziert.

Wenn Gott wirklich Gott ist, dann können wir erwarten, dass seine Propheten über die Zukunft mit derselben Sicherheit schreiben können, wie die Historiker über die Vergangenheit. Für Gott ist die Zukunft gleich der Vergangenheit: »Gedenket des Früheren, von der Urzeit her, dass ich Gott bin. Es gibt keinen sonst, keinen Gott gleich mir, *der ich von Anfang an den Ausgang verkünde und von alters her, was noch nicht geschehen ist*, – der ich spreche: Mein Ratschluss soll zustande kommen, und alles, was mir gefällt, führe ich aus« (Jes 46,9-10; Hervorhebung vom Autor). Erfüllte Prophetie ist ein weiterer Grund dafür, dass die Bibel göttlichen Ursprungs ist.

Es erstaunt nicht, dass Gott uns auffordert, seine Prophezeiungen mit denen anderer Religionen zu vergleichen (Jes 41,21-29). Er fordert sein Volk auf, die Sprüche ihrer Seher zu bringen, um herauszufinden, wer recht hat. Wir sollen also vergleichen.

Hier ein paar Beispiele.

Die Vorhersage über Kyrus, den König von Persien

Dass Gott über die Reiche der Welt herrscht, ist eine durchgängige biblische Lehre. So *kennt* Gott nicht nur die Zukunft, sondern führt sie auch durch sein Handeln. Es sollte uns nicht überraschen, dass er zukünftige Menschen und Völker mit unfehlbarer Genauigkeit kennt.

Wie würden Sie wagen vorhersagen zu wollen, wer in 150 Jahren Präsident der Vereinigten Staaten wird? Und dazu noch eine seiner wichtigsten innen- und außenpolitischen Entscheidungen? Das kann Gott allein.

Und im Falle von Kyrus, dem König von Persien, hat Gott genau das getan! Betrachten wir einige Hintergrundinformationen: Als Jesaja seine Prophezeiung schrieb (700-680 v. Chr.), war das babylonische Reich gerade mal in der Entstehungsphase. Er sagte voraus, dass dieses Volk eines Tages Jerusalem belagern und die Juden in Gefangenschaft führen würde. Diese Voraussage erfüllte sich etwa hundert Jahre später, und zwar in drei Etappen, die in der Belagerung von 586 gipfelten. Diese Prophezeiung an sich ist schon bemerkenswert.

Jesaja sagte nicht nur voraus, dass Jerusalem von Babylon erobert werden würde, sondern er ging darüber hinaus: Babylon selbst sollte von den Persern erobert werden. Denken Sie daran, dass Persien zu diesem Zeitpunkt noch kaum auf der Landkarte zu finden war. Doch Jesaja sagte voraus, dass Persien zur Weltmacht aufsteigen und Babylon erobern würde. Auch diese Prophezeiung erfüllte sich auf bemerkenswerte Weise. Und dann fügte Jesaja noch hinzu, dass der König von Persien den gefangenen Juden die Rückkehr nach Jerusalem erlauben würde. Es geschah genauso, wie er es vorhergesagt hat.

Und nun noch eine erstaunlichere Voraussage: Jesaja, der im Auftrag Gottes spricht, *nennt sogar den Namen des Königs, der das Perserreich beherrschen und die Juden nach Jerusalem zurückkehren lässt!* Kein Wunder, dass er seine Prophetensprüche oft mit der Einleitung »so spricht der Herr« einleitet. Nur der Herr konnte solche Voraussagen machen, wie Jesaja sie uns überliefert hat.

Lesen Sie genau.

> [Ich bin es], der das Wort seines Knechtes aufrichtet und den Plan seiner Boten ausführt, der von Jerusalem sagt: Es soll bewohnt werden! und von den Städten Judas: Sie sollen aufgebaut werden, und seine Trümmerstätten werde ich wieder aufrichten! – ... der von *Kyrus* spricht: Mein Hirt, er wird alles ausführen, was mir gefällt, indem er von Jerusalem sagen wird: Es werde aufgebaut und der Grundstein des Tempels werde gelegt! (Jes. 44,26-28, Hervorhebung vom Autor)

Kyrus wird als der Mann erwähnt, der die Juden in ihr Land zurückkehren und Jerusalem wieder aufbauen lässt. Mehr als hundert Jahre bevor Kyrus geboren wurde, kannte Jesaja seinen Namen und sagte seine Außenpolitik voraus!

Jesaja hat noch mehr zu sagen.

> So spricht der Herr zu seinem Gesalbten, zu *Kyrus*, den ich bei seiner Rechten ergriffen habe, um Nationen vor ihm zu unterwerfen – und die Hüften der Könige entgürte ich –, um Türen vor ihm zu öffnen, und Tore bleiben nicht verschlossen: ... Ich gebe dir verborgene Schätze und versteckte Vorräte, damit du erkennst, *dass ich der Herr bin, der dich bei deinem Namen ruft, der Gott Israels.* (K. 45,1-3, Hervorhebung vom Autor).

Dazu einige Fakten: Alle Historiker sind sich einig, dass der Gründer des Perserreiches, Kyrus, von 559-530 über Persien regierte und dass er während seiner Herrschaft im Jahr 539 Babylon erobert hat. Historiker berichten, dass sein Erlass, der den Juden erlaubte, in ihr Heimatland zurückzukehren, im März 538, also kurz nach der Eroberung Babylons, verkündet wurde.

Denken Sie daran, dass Jesaja in den Jahren 700 – 680 geschrieben hat. Wenn wir ein bisschen rechnen, erfahren wir, dass Jesaja den Namen und die Entscheidung des Kyrus 100 Jahre vor dessen Geburt und 150 Jahre vor dessen Herrschaft vorausgesagt hat!

Esra berichtet die Erfüllung dieser Prophezeiung. »Und im ersten Jahr des Kyrus, des Königs von Persien, erweckte der Herr, damit das Wort des Herrn aus dem Mund Jeremias erfüllt wurde, den Geist des Kyrus, des Königs von Persien, dass er durch sein ganzes Reich einen Ruf ergehen ließ, und zwar auch schriftlich« (Esr 1,1). *So hat Gott einen König eineinhalb Jahrhunderte vorher vorausgesagt und uns gesagt, dass er einen Erlass herausgeben würde, um die Juden zu befreien.*

Warum machte Gott diese erstaunliche Vorhersage?

In Jesaja 44 vergleicht er sich mit den falschen Propheten, über deren Weisheiten er sich zu recht lustig macht: »Ich, der Herr, bin es, der alles wirkt, der die Himmel ausspannte, ich allein, der die Erde ausbreitete – wer war da bei mir? Ich bin es, der die Wunderzeichen der Orakelpriester platzen lässt und die Wahrsager zu Narren macht, der die Weisen zur Umkehr zwingt und ihr Wissen zur Torheit macht« (Jes 44,24-25). Die Weisheit der Astrologen wird beschämt, doch die Weisheit Gottes bleibt.

Zweitens wollte Gott, dass wir alle seine Werke bestaunen. Er sagt, dass er Kyrus erwählt hat, ehe er seinen Schöpfer erkennen konnte, damit wir noch besser die Breite der göttlichen Autorität verstehen könnten. »Ich bin der Herr und sonst keiner. Außer mir gibt es keinen Gott. Ich gürte dich, ohne dass du mich erkannt hast, damit man erkennt vom Aufgang der Sonne und von ihrem Untergang her, dass es außer mir keinen gibt. Ich bin der Herr – und sonst keiner« (Jes 45,5-6).

Gott hat seinen Ruf aufs Spiel gesetzt. Natürlich kam es genauso, wie Gott es vorhergesagt hat. Es gibt einige Voraussagen, die nur Gott treffen kann, und dies war eine davon. Es gibt hier nichts zu deuteln, nur eine Prophezeiung, die so klar geschrieben ist, als wäre sie Geschichte.

Die Prophezeiung über Tyrus

Vor einigen Jahren habe ich die antike Stadt Tyrus besucht, die heute im Libanon liegt. Als wir einen Damm entlanggingen, sagte unser Führer: »Sie stehen nun an einer Stelle, an der sich biblische Prophetie erfüllt hat.«

Hier der Hintergrund der Geschichte. Hesekiel prophezeite, dass Gott Nebukadnezar, den König von Babylon, veranlassen würde, mit einer Reiterarmee gegen Tyrus zu ziehen, und dass das Volk vernichtet werden würde. Hier eine Beschreibung, wie Tyrus nach der Ausführung des Gottesgerichtes aussehen würde:

Darum, so spricht der Herr: Siehe, ich will an dich, Ty-

> rus! Und ich werde viele Nationen gegen dich heraufführen, wie das Meer seine Wellen heraufführt. Und sie werden die Mauern von Tyrus zerstören und seine Türme abbrechen; und ich werde seine Erde von ihm wegfegen und es zum kahlen Felsen machen. Ein Trockenplatz für Netze soll es werden mitten im Meer, denn ich habe geredet, spricht der Herr, und es wird den Nationen zur Beute werden. Und seine Töchter, die auf dem Feld sind, sollen mit dem Schwert erschlagen werden. Und sie werden erkennen, dass ich der Herr bin. (Hes 26,3-6)

Die Prophezeiung sagt weiter, dass Nebukadnezar, der König von Babylon, mit vielen Reitern Tyrus angreifen und das Volk von Tyrus umbringen würde. Dann wiederholt die Prophezeiung:

> Und sie werden dein Vermögen rauben und deinen Handelsgewinn plündern und deine Mauern abbrechen und deine prächtigen Häuser niederreißen; und deine Steine und dein Holz und deinen Schutt werden sie mitten ins Wasser schütten. ... Ich werde dich zum kahlen Felsen machen; ein Trockenplatz für Netze sollst du werden, du wirst nicht wieder aufgebaut werden. Denn ich, der Herr, habe geredet, spricht der Herr (Hes 26,12-14).

Wir wollen uns einmal die Einzelheiten dieser Prophezeiung ansehen:

1. Nebukadnezar wird die Stadt Tyrus zerstören.
2. Viele Nationen werden gegen Tyrus ziehen.
3. Tyrus wird wüst werden wie ein flacher Felsen.
4. Fischer werden ihre Netze an der Stelle trocknen.
5. Tyrus wird ins Wasser geworfen und nie wieder aufgebaut.

Alle diese Voraussagen sind durch Nebukadnezar und Alexander den Großen erfüllt worden. Um zu verstehen, wie das geschehen konnte, müssen wir daran denken, dass Tyrus sowohl eine Insel- wie auch eine Küstenstadt war. Die Küstenstadt Tyrus wurde von Nebukadnezar dreizehn Jahre lang belagert und zerstört. Doch waren viele Leute in der Lage, mit Booten auf die Insel zu entkommen. Dort bauten sie eine halbe Meile von der Küste entfernt starke Festungen. Nebukadnezar, der erschöpft war von der langen Belagerung der Küstenstadt, bemühte sich nicht mehr, die Insel einzunehmen.

Weitere 240 Jahre überlebte die Inselstadt Tyrus, während die Küstenstadt in Ruinen lag. Es schien so, als sollte sich Hesekiels Prophezeiung nicht vollständig erfüllen, denn Tyrus war nicht »ins Meer« geworfen worden, und auch hatten nicht »viele Nationen« gegen die Stadt gekämpft.

Doch Gott hatte es gesagt. Und eines Tages marschierte Alexander der Große ins Land ein und war gezwungen, sich mit der aufständischen Stadt Tyrus auseinanderzusetzen. Nachdem er das Perserreich erobert hatte, marschierte er die Küste Palästinas entlang, bis er im Jahr 333 die Stadt Tyrus erreichte. Er wusste, dass es strategisch nicht günstig wäre, seine Reise nach Ägypten fortzusetzen und die mächtige Stadt Tyrus in seinem Rücken zu wissen. Der logische Schritt war also, die Inselstadt mit Schiffen und Bollwerken zu erobern.

Als Alexander darum bat, in die Stadt kommen zu dürfen, um ihren Gott Herkules anzubeten, wurde es ihm verweigert. Offensichtlich wussten die Einwohner, dass seine eigentliche Absicht war, Soldaten in die Stadt einmarschieren zu lassen und die Herrschaft zu übernehmen. Deshalb hatte dieser großartige griechische General kaum eine andere Wahl, die Stadt wie auch immer zu erobern.

Da die Stadt gut befestigt war, konnten die Soldaten

nicht in ihre Nähe gelangen, ohne dass ihnen von den Mauern Steine entgegenflogen. Da kam ihm die Idee, einen Damm vom Festland zu der Insel zu bauen. Obwohl das Projekt zunächst gut vorwärts kam, wurde das Wasser in Richtung Insel immer tiefer und die Probleme vermehrten sich. *Obwohl es Stürme und zahllose Angriffe gab, bauten die Soldaten Alexanders den Damm, indem sie die Ruinen der Küstenstadt ins Meer warfen. Sogar den Staub warfen sie noch ins Meer, genau wie Hesekiel vorausgesagt hatte!*

Es war nicht einfach, den Damm zu bauen, und eine Flotte zu organisieren, um die Stadt zu erobern. Doch Alexander brachte eine Flotte von Schiffen zusammen, die sich aus den verschiedenen eroberten Völkern zusammensetzten. Dabei waren 80 Schiffe aus Sidon, Aradus und Byblos, 10 aus Rhodos, 10 aus Lycien, und 120 aus Cypern. *Wie Gott vorhergesagt hat, kämpften viele Nationen gegen Tyrus.*[4]

Nach drei Jahren Belagerung eroberte er die Stadt Tyrus. Tyrus verlor achttausend Männer in den Schlachten, und weitere zweitausend Männer im wehrfähigen Alter wurden um die Stadt herum gekreuzigt. Dreißigtausend Frauen und Kinder wurden als Sklaven verkauft.

Obwohl es heute eine kleine Stadt auf der Insel gibt (durch Alexanders Damm zur Halbinsel geworden), ist die Stadt Tyrus doch nie wieder aufgebaut worden. Noch heute breiten Fischer ihre Netze auf den flachen Felsen der eroberten Stadt aus, ein Zeugnis für die Erfüllung der Prophezeiung Hesekiels. Gott hatte gesagt: »Ich werde dich zum kahlen Felsen machen; ein Trockenplatz für Netze sollst du werden, du wirst nicht wieder aufgebaut werden. Denn ich, der Herr, habe geredet« (Hes 26,14). Tyrus findet sich heute nur deshalb auf der Landkarte, weil die moderne Stadt an einem anderen Ort als das antike Tyrus erbaut wurde.

»Wie unwahrscheinlich das alles war!«, schreibt Arthur Custance. »Welche menschliche Vorausschau hätte einen

Menschen in die Lage versetzen können zu prophezeien, dass eine lebendige Stadt, die sich über fast dreißig Kilometer an der Küste entlang erstreckte, wovon gut 10 km dicht besiedelt waren und wo es große Gebäude gab, eines Tages verwüstet und dann einschließlich des Staubes in Meer geworfen würde? Doch genauso geschah es.«[5]

Wie unwahrscheinlich, doch Gott hatte gesprochen!

Die Voraussagen Daniels

Daniel war ein äußerst bemerkenswerter Prophet, der die Hauptreiche voraussah, die sich im Nahen Osten etablieren sollten. Er sagte das medo-persische, das griechische und das römische Reich in so vielen Einzelheiten voraus, dass sogar ehrliche Skeptiker zugeben müssen, dass er seine Visionen von Gott erhalten haben muss.

In seiner ersten Vision sah er die Statue eines Menschen. Der Kopf war golden und stand für das Land Babylon, die Brust und die Arme waren Silber und bedeuteten Medo-Persien, sein Leib war bronzen und stand für Griechenland und die Beine waren aus Eisen und standen für Rom.

Daniel hat nicht nur König Nebukadnezar gesagt, was er geträumt hatte, sondern er legte es ihm auch aus:

> Du, o König, du König der Könige, dem der Gott des Himmels die Königsherrschaft, die Macht und die Stärke und die Ehre gegeben hat – ... du bist das Haupt aus Gold. Und nach dir wird ein anderes Königreich erstehen, geringer als du, und ein anderes, drittes Königreich, aus Bronze, das über die ganze Erde herrschen wird. Und ein viertes Königreich wird stark sein wie Eisen. (Dan 2,37-40)

Sollte es Zweifel daran geben, welche Reiche hier vorhergesagt werden – sie werden in Daniel 8 genannt. Das auf

Babylon folgende Reich heißt Medo-Persien, dann folgt Griechenland und natürlich Rom.

Am erstaunlichsten ist, dass Daniel ausführlich den Aufstieg Alexanders des Großen beschrieb und die Tatsache, dass sein Reich nach seinem Tode unter vier Herrschern aufgeteilt werden würde.

> Und ein tapferer König wird aufstehen, und er wird mit großer Macht herrschen und nach seinem Belieben handeln. Aber sobald er aufgetreten ist, wird sein Königreich zertrümmert und nach den vier Winden des Himmels hin zerteilt werden. Doch nicht für seine Nachkommen wird es sein und nicht der Macht entsprechend, mit der er geherrscht hat; denn sein Königreich wird zerstört und anderen zuteil werden, unter Ausschluss von jenen. (Dan 11,3-4)

Etwa zweihundert Jahre nachdem Daniel dies geschrieben hatte, kam Alexander, der keine Erben hatte, und nach seinem Tod wurde sein Reich unter seinen vier Generälen aufgeteilt.

In den folgenden Abschnitten beschreibt Daniel den Konflikt zwischen dem »König des Südens« (Ptolemäus) und dem »König des Nordens« (den Seleuziden) (Kap. 11,5-15). Er erwähnt sogar eine Allianz, die durch eine »Tochter des Königs des Südens« besiegelt wird (V. 6). Diese Tochter war Bernice, die Tochter Ptolemäus II. Daniel sagte eine Schlacht nach der anderen voraus und beschrieb bis in Einzelheiten, wer was tun würde. Je weiter sich das Spiel entwickelt, desto mehr hat man den Eindruck, dass Daniel in der ersten Reihe gesessen hat.

Er fuhr fort, den Aufstieg des Antiochus Epiphanes zu beschreiben, der in Israel einmarschieren und die Juden demütigen würde. Hören Sie diese Beschreibung: »Und an seiner Stelle wird ein Verachteter aufstehen, auf den man nicht die Würde des Königtums legen wird; und er wird unversehens kommen und sich durch Heucheleien des Königtums bemächtigen« (V. 21). Daniel sprach auch davon, dass er den Tempel entweihen würde: »Und Streitkräfte von ihm werden dastehen; und sie werden das Heiligtum, die Bergfeste entweihen und werden das regelmäßige Opfer abschaffen und den verwüstenden Gräuel aufstellen« (V. 31). Das erfüllte sich natürlich, als Antiochus auf dem Altar in Jerusalem ein Schwein opferte und auf diese Weise den Tempel entweihte. Trotz seiner harten Verfolgungen und offensichtlichen Siege endete er, wie Daniel es vorausgesagt hat, in Demütigung.

Man hat geschätzt, dass es etwa 135 Prophezeiungen in Daniel 11,1-35 gibt, die sich alle schon wörtlich erfüllt haben. Gegen Ende des Kapitels hat Daniel seine Aufmerksamkeit auf einen zukünftigen Herrscher gelenkt – wahrscheinlich ist der Antichrist gemeint, der noch kommen soll. Antiochus ist ein Vorbild dieses Bösen, der »sich erheben und sich großmachen wird gegen jeden Gott, und gegen den Gott der Götter wird er unerhörte Reden führen. Und er wird Erfolg haben, bis die Verfluchung vollendet ist, denn das Festbeschlossene wird vollzogen« (V. 36).

Nur Gott konnte solche Einzelheiten zweihundert Jahre vor den eigentlichen Ereignissen wissen. Nur ein Prophet, der von Gott inspiriert worden ist, kann solche Prophetien aufschreiben, als wären sie Geschichte!

Die messianischen Prophezeiungen

Gott hat Einzelheiten des ersten Kommens Christi in diese Welt vorausgesagt, damit diejenigen, welche die Wahrheit wissen wollen, eindeutig erkennen konnten, dass er der Messias ist. Z. B. kamen Weise, um Jesus zu finden, nach Jerusalem. Die Schriftgelehrten waren in der Lage ihnen zu sagen, dass der Messias in Bethlehem geboren würde (Mt 2,6, ein Zitat aus Mi 5,1). Und viele Menschen wussten, dass der Messias von einem besonderen Boten angekündigt werden sollte, weil sie Jesaja 40,3 und Maleachi 3,1 gelesen hatten (vergl. Mt 3,1-2 und Mk 1,2-3, die diese alttestamentlichen Abschnitte zitieren). Dutzende anderer Weissagungen geben Erkennungszeichen für den Messias an.

Es gibt eine Geschichte, die uns aus den Dossiers des CIA überliefert ist, die zeigt, wie präzise man Menschen identifizieren kann. Ein sowjetischer Doppelagent, der nach Mexiko geflohen war, sollte sich mit dem Sekretär des russischen Botschafters in Mexiko treffen, um von ihm seinen Pass zu bekommen.

Sechs Erkennungszeichen wurden zwischen dem Diplomaten und dem Agenten vereinbart, damit bei der Übergabe ein Irrtum ausgeschlossen war. Wenn er in Mexiko-Stadt ankäme, sollte der Agent 1. einen Brief an den Sekretär schreiben, den er mit »I. Jackson« unterzeichnen sollte. Nach drei Tagen sollte er 2. sich auf den Plaza de Colon in Mexiko-Stadt begeben und sich 3. vor das Kolumbus-Denkmal stellen. 4. sollte er seinen Mittelfinger in einem Reiseführer halten. Wenn er nun angesprochen würde, sollte er 5. sagen, dass es sich um eine wunderbare Statue handelte und dass er aus Oklahoma gekommen sei. Dann sollte 6. der Sekretär ihm den Pass überreichen.[6]

Wenn alle diese Bedingungen erfüllt wären, war es mehr als wahrscheinlich, dass die Richtigen zusammengefunden hätten. Im Falle Jesu gab es nicht nur sechs, sondern Dutzende von Voraussagungen, die ihn als den verheißenen Messias auswiesen. Diejenigen, die offen waren für Gottes Handeln, konnten sich nicht irren.

Hier ein paar Beispiele:

- *Sein Geburtsort:* »Und du, Bethlehem Efrata, das du

klein unter den Tausendschaften von Juda bist, aus dir wird mir der hervorgehen, der Herrscher über Israel sein soll« (Mi 5,1)
Die neutestamentliche Erfüllung: Als die Weisen aus dem Osten kamen, um den Messias zu finden, wussten die Schriftgelehrten aufgrund dieser Offenbarung, dass der Messias in Bethlehem geboren würde. So wurde mehrere hundert Jahre vor der Geburt Jesu sein Geburtsort vorhergesagt.

- *Seine Haltung gegenüber seinen Anklägern:* »Er wurde misshandelt, aber er beugte sich und tat seinen Mund nicht auf wie das Lamm, das zur Schlachtung geführt wird und wie ein Schaf, das stumm ist vor seinen Scherern« (Jes 53,7).
  Die neutestamentliche Erfüllung: »Da spricht Pilatus zu ihm: Hörst du nicht, wie vieles sie gegen dich vorbringen? Und er antwortete ihm auch nicht auf ein einziges Wort, so dass der Statthalter sich sehr wunderte« (Mt 27,13-14).

- *Sein Begräbnis in der Gruft eines Reichen:* »Und man gab ihm bei Gottlosen sein Grab, aber bei einem Reichen ist er gewesen in seinem Tod, weil er kein Unrecht begangen hat und kein Trug in seinem Mund gewesen ist« (Jes 53,9).
  Die neutestamentliche Erfüllung: »Als es aber Abend geworden war, kam ein reicher Mann von Arimathia, mit dem Namen Joseph, der auch selbst ein Jünger Jesu war. Dieser ging hin zu Pilatus und bat um den Leib Jesu. Da befahl Pilatus, den Leib zu übergeben. Und Joseph nahm den Leib und wickelte ihn in ein reines Leinentuch und legte ihn in seine neue Gruft, die er in den Felsen ausgehauen hatte; und er wälzte einen großen Stein an die Tür der Gruft und ging hinweg« (Mt 27,57-60).

- *Seine Auferstehung von den Toten:* »Denn meine Seele wirst du dem Scheol nicht lassen, wirst nicht zugeben, dass dein Frommer die Grube sehe« (Ps 16,10).
  Die neutestamentliche Erfüllung: Im Neuen Testament zitiert Petrus diesen Abschnitt, und beweist dann, warum er sich auf Christus und nicht auf David bezieht: »Ihr Brüder, es sei erlaubt, mit Freimütigkeit zu euch zu reden über den Patriarchen David, dass er gestorben und begraben und sein Grab bis auf diesen Tag unter uns ist. Da er nun ein Prophet war und wusste, dass Gott ihm mit einem Eid geschworen hatte, einen seiner Nachkommen auf seinen Thron zu setzen, hat er voraussehend von der Auferstehung des Christus geredet, dass er weder im Hades zurückgelassen worden ist, noch sein Fleisch die Verwesung gesehen hat« (Apg 2,29-31).

- *Dass er sich zur Rechten Gottes setzen würde:* »Ein Spruch des Herrn für meinen Herrn: Setze dich zu meiner Rechten, bis ich deine Feinde gemacht habe zum Schemel deiner Füße!« (Ps 110,1).
  Die neutestamentliche Erfüllung: »Und als er dies gesagt hatte, wurde er vor ihren Blicken emporgehoben, und eine Wolke nahm ihn auf vor ihren Augen weg« (Apg 1,9). Der Verfasser des Hebräerbriefes bestätigt die Himmelfahrt Jesu und sagt, dass sie ein Beweis sei, dass Jesus größer als die Engel ist (Hebr 1,13, vgl. V. 3-4).

Weil diese Voraussagen wortwörtlich erfüllt worden sind, können wir darauf vertrauen, dass sich andere Weissagungen über ihn auch noch erfüllen werden. Bei seiner Himmelfahrt wurde verheißen, dass er genauso, wie er aufgefahren ist, wiederkommen würde. Hören wir auf seine eigenen Worte: »Aber gleich nach der Drangsal jener Tage wird die Sonne verfinstert werden und der Mond seinen Schein nicht geben, und die Sterne werden vom Himmel fallen, und die Kräfte der Himmel werden erschüttert werden. Und dann wird das Zeichen des Sohnes des Menschen am Himmel erscheinen; und dann werden wehklagen alle Stämme des Landes, und sie werden den Sohn des Menschen kommen sehen auf den Wolken des Himmels mit großer Macht und Herrlichkeit« (Mt 24,29-30).

Der Unterschied zwischen solchen Weissagungen und denen des Nostradamus ist eindeutig. Es gibt in der Bibel keine Rätsel, keine vagen Anspielungen, die auf die unterschiedlichste Weise interpretiert werden können. Die Prophezeiungen sind eindeutig, präzise und für offen gesinnte Menschen überzeugend.

Sie entscheiden!

»Es gibt nur eines, das unausweichlich ist: dass sich die Schrift erfüllt«, sagte Carl F. Henry. Christus hat oft das Wort »muss« benutzt, wenn er sein Leben oder seinen Dienst beschrieb. »Ich muss nach Jerusalem gehen ... die Schrift muss erfüllt werden.«

Die Verfasser der Bibel haben nicht ihre eigene Meinung niedergeschrieben, sondern Offenbarungen Gottes. Es ist für Menschen schlicht und einfach unmöglich, so weit und genau die Zukunft vorauszusagen. Die biblischen Propheten haben nicht in Rätseln gesprochen, sie necken uns nicht mit geheimnisvollen Anspielungen, die auf unterschiedlichste Weise interpretiert werden könnten. Im Gegensatz zu einigen Voraussagen, die erst dann deutlich werden, wenn sie geschehen sind, konnten diese Prophezeiungen schon von den Menschen verstanden werden, die zur Zeit der Propheten gelebt haben.

Denken Sie daran, die Garantie für die Erfüllung der

noch in der Zukunft liegenden Aussagen sind die Prophezeiungen, die bereits erfüllt sind. Es gibt noch Dutzende von Vorhersagen in der Bibel, die sich erst in Zukunft erfüllen werden, einige davon vielleicht noch während unseres Lebens. Petrus warnte davor, dass einige zu Skeptikern werden und die Verheißungen Gottes verspotten würden, weil Jesus noch nicht wiedergekommen ist. »Zuerst wisst dies, dass in den letzten Tagen Spötter mit Spötterei kommen werden, die nach ihren eigenen Begierden wandeln und sagen: Wo ist die Verheißung seiner Ankunft? Denn seitdem die Väter entschlafen sind, bleibt alles so von Anfang der Schöpfung an« (2Petr 3,3-4).

Doch derselbe Jesus, der nach Bethlehem kam, wird auch auf den Ölberg zurückkehren (Sach 14,1-4) und wird zwischen Gläubigen und Ungläubigen unterscheiden. Er wird die »Schafe« von den »Ziegen« trennen, genau, wie er es vorausgesagt hat.

Das ist unausweichlich.

DENKANSTOß

Der Bibelcode

Gibt es in der Bibel einen verborgenen Code, mit dessen Hilfe man die Zukunft voraussagen kann?

Im dem Buch »Der Bibel-Code« von Michael Drosnin behauptet der Autor, dass er nach Israel geflogen sei, und sich mit einem engen Freund von Isaak Rabin getroffen hat, um den Premierminister zu warnen, dass ein Attentat auf ihn bevorstehen könne. In einem Brief schrieb Drosnin: »Ich warne Sie, weil Ihr vollständiger Name in der Bibel nur einmal kodiert ist und sich an dieser Stelle mit den Worten »Attentäter verübt Attentat« kreuzt. Dies sollte man nicht unterschätzen. ... Ich bin der Auffassung, dass Sie in einer echten Gefahr schweben, doch diese Gefahr kann abgewendet werden.«[7]

Kann ein Geheimcode wirklich solche Ereignisse voraussagen? Und könnte dieser interessante Bibelcode dazu führen, dass Menschen daraus schließen, dass die Bibel das Wort Gottes ist? Ehe ich diese Fragen beantworte, ist es sicher hilfreich, wenn ich diesen Code ein wenig erläutere.

Harold Gans, ein leitender Mathematiker im US-Verteidigungsministerium, hat neunzehn Tage am Computer verbracht, als dieser ein ausgeklügeltes Experiment berechnete. Gans ist ein frommer Jude, der vom Hebräischen Text der Bibel fasziniert ist, aber nie gedacht hätte, dass seine mathematischen und statistischen Fähigkeiten sowie seine Begabung zur Entzifferung von Verschlüsselungen dabei helfen würden, einen der neuartigsten und kontroversesten Entdeckungen im hebräischen Text der Bibel zu machen.

Gans und andere Gelehrte auf der anderen Seite der Erde, nämlich in Jerusalem, haben herausgefunden, dass die fünf Bücher Mose mit einem System komplizierter Codes ausgestattet sind, die nicht zu erklären sind, wenn man annimmt, dass die Bibel nur ein von Menschen geschriebenes Buch ist. Es schien diesen Gelehrten jedenfalls so, dass die einzige Erklärung darin bestand, das dieser Text von einem göttlichen Intellekt geschrieben sein muss.

Wie wurden diese Codes nun entdeckt?

Zunächst einmal müssen wir verstehen, dass die Mathematiker vom original hebräischen Text ausgingen, nicht von einer Übersetzung. Die hebräische Tradition hat schon immer behauptet, dass das Gesetz des Mose Wort für Wort diktiert worden ist. Deshalb ist jeder einzelne Buchstabe wichtig, und man nimmt an, dass es in einem solch heiligen Text verborgene Bedeutungen geben muss.

Zweitens sehen diese Gelehrten den Text einfach als eine Kette von Buchstaben an (die Worttrennungen wurden nicht berücksichtigt), und sie programmierten den Computer darauf, Namen und Wörter zu suchen, die in gleichen Buchstabenabständen verborgen sind. Jeder dritte Buchstabe etwa konnte einen Namen ergeben, wenn man von links nach rechts liest, und ein dazu sinnbezogenes Wort fand sich diagonal dazu, wieder indem jeder dritte Buchstabe gelesen wurde.

Um zu erklären, wonach sie suchten, gaben die Forscher folgendes Beispiel. Wenn wir einen Text in einer uns unverständlichen Sprache hätten, dann wäre es für uns schwierig festzustellen, ob der Text eine Bedeutung hat oder nicht. Doch wenn wir nur ein kleines Wörterbuch hätten, das uns erlaubte, eine kleine Anzahl von Worten zu identifizieren, und wenn wir dann ein paar Wörter nahe zusammen finden würden, die vom Inhalt her zusammen gehören, wie etwa »Hammer« und »Amboss,« dann hätten wir Grund genug für die Annahme, dass der Text eine Bedeutung hat. Wenn wir weitere Paare eng beieinander finden würden, etwa »Stuhl« und »Tisch«, dann wären wir noch überzeugter, dass es sich nicht einfach um eine zufällige Ansammlung von Buchstaben handelt.

Die Programmierer gaben dem Computer verschiedene Buchstabenfolgen ein. Wenn sich bei einem Abstand von zwei Buchstaben keine Bedeutung fand, dann versuchten sie es mit drei oder vier. Und wenn nicht drei oder vier, dann fünf oder sechs, bis zu Hunderten und Tausenden von Buchstabenabständen. Nach und nach ergaben sich interessante Folgen.

Die Forscher legten eine Liste von Personen an, die entweder das Geburts- oder Todesdatum enthielt. Als Grundlage dieser Liste diente ihnen »Die Enzyklopädie großer Menschen in Israel.« Sie waren überrascht, als sie herausfanden, dass solche Namen und die Geburts- oder Todesdaten nahe beieinander im Text verborgen waren. Es ist fast unmöglich, dass es sich dabei um reinen Zufall handelt.

Fünf Mathematiker, einer der Yale-, zwei der Harvard-Universität und zwei von der Hebräischen Universität haben eine öffentliche Erklärung abgegeben, aus der wir zitieren:

> Das vorliegende Werk enthält ernsthafte Forschungsergebnisse von ebenso ernsthaften Forschern. Weil das hier besprochene Phänomen umstritten und geheimnisvoll ist, ist es wünschenswert, dass es deutlichere statistische Signifikanzen gibt, als bei einfachen Untersuchungen. ... Die erzielten Ergebnisse reichen aus, um einer größeren Öffentlichkeit vorgestellt und weiter erforscht zu werden.[8]

Es kann sein, dass es interessante Konfigurationen und Wortpaare gibt, doch kann man mit solchen Codes die Zukunft vorhersagen? Die Antwort lautet meiner Meinung nach *nein*.

Weil die Rabin-»Vorhersage«, wenn man sie so nennen kann, so viel Beachtung in der Öffentlichkeit gefunden hat, werden wir sie als Beispiel herannehmen. Mit Hilfe des Computers fand man heraus, dass der Name Isaak Rabin in dem Text enthalten ist, wenn man immer 4772 Buchstaben überspringt. Mit anderen Worten, nachdem man den ersten Buchstaben des Namens fand, wurde der nächste 4772 Buchstaben später gefunden und so weiter. Das bedeutet, dass der Name Isaak Rabin senkrecht als Text erscheint, wenn man den Text des Pentateuch in Reihen niederschreibt, die 4772 Buchstaben breit sind. Doch weil es kein Blatt Papier gibt, das breit genug ist, um dies zu verwirklichen, enthält das Buch von Drosnin eine Matrix auf einer Standardseite, welche die vielen Buchstaben überschlägt und dadurch den falschen Eindruck erweckt, dass Rabins Name nahe bei einer Seite der Bibel erscheint, die das Wort »Attentat« enthält.

Hier nun die Fakten. Im Hebräischen schreibt man Isaak Rabin mit 8 Buchstaben. Jeweils 1 Buchstabe davon ist in den folgenden Versen von 5. Mose enthalten (2,33; 4,42; 7,20; 11,1; 13,11; 17,5; 21,5 und 24,16). Drosnin behauptet, dass einer dieser Verse (4,42) die Worte »Attentäter verübt Attentat« enthält. Lesen Sie den Vers und entscheiden Sie selbst: »Damals sonderte Mose drei Städte aus jenseits des Jordan, gegen Sonnenaufgang, damit *ein Totschläger dahin fliehen kann, der seinen Nächsten unabsichtlich erschlagen hat* und ihn nicht schon vorher hasste« (V. 41-42, Hervorhebung vom Autor). Der Schlüsselausdruck wird von Drosnin als »Attentäter verübt Attentat« übersetzt, doch handelt es sich dabei um eine Fehlübersetzung.[9]

Doron Witztum, der jahrelang nach verborgenen Codes geforscht hat, die seiner Meinung nach in dem Text verborgen sind, ist der Auffassung, dass Bücher wie »Der Bibel-Code« nur die echte Forschung auf diesem Gebiet in Verruf bringen. Selbst, wenn es solche Codes gibt, so sagt er, kann man sie nicht benutzen, um die Zukunft vorherzusagen. Erstens hat sich die Rechtschreibung des Alten Testamentes seit der Niederschrift verändert. Deshalb gibt es keinen Grund, dogmatische Folgerungen aus solchen Funden abzuleiten. Zweitens behauptet Witztum, dass man nicht nur einen Code finden kann, dass Rabin einem Attentat zum Opfer fällt, sondern auch, dass Churchill einem Attentat zum Opfer fällt!

Ein anderer Grund dafür, dass diese Codes die Zukunft nicht voraussagen können, liegt darin, dass die Forscher nicht wissen, welche der vorkommenden Wortkombinationen eine Bedeutung haben. Es gibt viele Worte, die nahe beieinander stehen, die zusammen keine besondere Bedeutung ergeben. Dennoch glaubt Witztum, dass es zu viele solcher Sequenzen gibt, als dass man sie einfach durch Zufall erklären könnte. Jedoch ist mehr Forschung nötig, um dieses Vorhaben auf eine zuverlässige wissenschaftliche Grundlage zu stellen. Doch kann man aufgrund dieser Entdeckungen keine Vorhersagen treffen.

Diese geheimen Codes, so interessant sie sind, bergen noch andere Gefahren. Eine davon ist, dass sie die Aufmerksamkeit von der eigentlichen Botschaft der Bibel ablenkt. Früher musste man ein frommer Mann oder eine fromme Frau sein, um die Bibel auslegen zu können – heute kann das jeder Computerfreak mit ein bisschen mathematischem Geschick.

Es ist undenkbar, dass Gott geheime Botschaften in der Bibel verborgen hat, die erst im Computerzeitalter zu entziffern sind. Was er offenbart, ist für sein Volk zu allen Zeiten wichtig. Unsere Generation hat wie keine andere die einfache Botschaft der Bibel beiseite gerückt, deshalb dürfen wir kaum erwarten, dass uns zusätzliche »geheime« Botschaften offenbart werden.

Und schließlich müssen wir fragen, ob diese Geheimcodes dazu führen, dass Menschen an die Bibel und darum an Gott und seinen Sohn glauben. Ich denke nicht. Ein Beweis dafür ist die Tatsache, dass Drosnin selbst, der Verfasser des Buches »Der Bibel-Code« in einem Interview beim Nachrichtensender CNN gesagt hat: »Ich bin Jude. Aber ich bin nicht fromm und *glaube nicht an Gott.*«[10]

Da sehen Sie es. Die Faszination über die mathematische Struktur der Bibel führt Menschen nicht dazu, die Bibel auch als Wort Gottes anzunehmen. Die moralischen und geistlichen Ansprüche der Bibel stehen der menschlichen Natur und dem Stolz auf menschliche Errungenschaften entgegen. Deshalb werden nur so wenige, welche die Bibel lesen, auch von ihrer Kraft verändert. Denken Sie daran, diejenigen, die bereit sind, sich der Autorität der Bibel zu unterstellen, sind auch am ehesten davon überzeugt, dass die Bibel Gottes Wort ist.

»Zu jener Zeit begann Jesus und sprach: Ich preise dich, Vater, Herr des Himmels und der Erde, dass du dies vor Weisen und Verständigen verborgen hast und hast es Unmündigen geoffenbart« (Mt 11,25).

Es ist besser, den Prophezeiungen zu glauben, die klar sind, und sie zu erforschen, als mühselig nach den verborgenen zu fahnden. Und die deutlichste Botschaft erhalten wir aus dem Munde Jesu, und deshalb wenden wir uns nun einer Diskussion seiner Autorität zu.

Anmerkungen

1 Ray Comfort, *The Secrets of Nostradamus Exposed*. Bellflower, Cal.: Living Water 1996, S. 47.
2 Ebd. S. 49.
3 Ebd. S. 55.
4 John Ankerberg; John Weldon, *Ready with an Answer*. Eugene, Oreg.: Harvest House 1997, S. 248.
5 Ebd. S. 248.
6 Ebd. S. 223-224.
7 Michael Drosnin, *The Bible Code*. New York: Simon & Schuster 1997.
8 Jeffrey B. Satinover, »Devine Authorship«, *The Bible Review*, Okt. 1995, S. 44.
9 Shlomo Sternberg, »Snake Oil for sale«, *The Bible Review*, Aug. 1997, S. 24-25.
10 Jim Myers, »Do Bible Codes Predict the Future?«, *The Informed Believer* Jg. 8, Nr. 7, S. 2.

Der vierte Grund

Die Christologie – die Autorität Jesu

Immer wenn ich das Bild Jesu auf der Titelseite der Nachrichtenmagazine *Time* oder *Newsweek* sehe, dann nehme ich sie mit Bedenken zur Hand. Ich weiß, dass Jesus wieder einmal auseinandergenommen und analysiert wird, und dass man auf jeden Fall seine Göttlichkeit bestreiten wird. Schließlich erfahren wir noch, dass Jesus nicht geeignet ist, uns zu erlösen, und dass es sich noch weniger lohnt, ihn anzubeten. Der Mann aus Nazareth ist wie Ton in den Händen der Forscher, die nur darauf aus sind, ihn ihren eigenen vorgefassten Meinungen und Lieblingsthesen anzupassen. Sie stutzen ihn auf einen bloßen Menschen zusammen. Er wird vielleicht noch faszinieren, aber niemand wird ihn anbeten.

Wird Ihr Glaube erschüttert, wenn Sie lesen, dass sogar die Existenz Jesu nicht gesichert sei? So schrieb z. B. Stephen Mitchell in seinem Buch »Das Evangelium nach Jesus«: »Wir können nicht sicher sein, was Jesus gesagt hat.«[1] Ja, das Nachrichtenmagazin *Time* zitiert sogar Rudolf Bultmann, der gesagt hat, dass die Evangelienberichte so unzuverlässig seien, dass »wir fast nichts über das Leben und die Person Jesu wissen können.«[2]

Warum diese Schlussfolgerungen?

Das Jesus-Seminar

Sie haben vielleicht schon einmal vom Jesus-Seminar gehört, einer Gruppe von Gelehrten, die sich in Kalifornien treffen, um festzustellen, was ihrer Meinung nach Jesus getan oder nicht getan, gesagt oder nicht gesagt hat. Sie hatten eine kreative Idee für ihre Abstimmungen. Jeder Teilnehmer wirft eine Kugel in einen Eimer, und die Farbe der Kugel zeigt dabei die Meinung des Gelehrten: *Rot* bedeutet: »So spricht Jesus«, *rosa* heißt: »Das hört sich wie Jesus an«, *grau* steht für »vielleicht« und *schwarz* für: »Das muss ein Fehler sein.«

Sie kamen zu dem Ergebnis, dass nur etwa 18 Prozent der Worte, die in den Evangelien Jesus zugeschrieben werden, wirklich von ihm stammen könnten. Es erstaunte niemanden, dass die Auferstehung Jesu nur schwarze Kugeln bekam, dazu alle anderen Wunder. Nur politisch korrekte Worte und Taten überlebten.

Das Ziel dieser linksliberalen Theologen ist es, das Denken der Menschen über Jesus zu ändern. Sie sind an die Öffentlichkeit gegangen und in den USA berichten die Zeitungen regelmäßig über ihre Ergebnisse. Sie wollen »die Bibel von der christlichen Rechten befreien und glauben, dass unsere Kultur eine neue Sicht von Jesus braucht, von einem Jesus, der sich zu so modernen Anliegen wie Feminismus, multikulturelle Gesellschaft, Ökologie und politischer Korrektheit äußert. Das ist ein Jesus, der unserem Zeitgeist angepasst ist.

Bibelgläubige Menschen haben von solchen subjektiven Spekulationen nichts zu befürchten. Wenn man diese Theologen richtig versteht, dann untermauern sie sogar unseren Glauben, anstatt ihn zu untergraben. Wirklich, *das »Jesus-Seminar« ist nur ein weiterer Grund zu glauben, dass Jesus derjenige ist, den die Verfasser des Neuen Testamentes beschreiben.*

Lassen Sie mich das erklären.

Erstens denken Sie daran, dass diese radikalen Ansichten

nur auf den subjektiven Gefühlen der einzelnen Beteiligten basieren. Letztlich ist jede Entscheidung von dem unverrückbaren Vorurteil geprägt, das Wunder ausschließt. Um die Einleitung des Buches »Die Fünf Evangelien«, einer Veröffentlichung des Jesus-Seminars, wörtlich zu zitieren: »Der Jesus des Glaubensbekenntnisses und der Dogmen, der seit dem Mittelalter fest im Sattel sitzt, kann nicht länger auf Zustimmung derer hoffen, die den Himmel durch Galileos Teleskop betrachtet haben.«[3]

Wir haben den Himmel gesehen, so die Argumentation, deshalb können wir nicht länger an die Wunder Christi glauben. Denken Sie daran: Diese »Entdeckungen« haben nichts mit Geschichtsforschung oder Archäologie zu tun. Ja, diese Gelehrten haben sich ausführlich mit dem Leben und der Zeit Jesu auseinandergesetzt, doch nur um ihre persönliche Auffassung davon zu bestätigen, wer dieser Jesus wirklich war – Jesus der Mensch, der nichts weiter als ein Mensch ist.

Denken Sie daran, dass die liberalen Theologen seit Jahrhunderten versuchen, den historischen Jesus (den, der nicht mehr als ein Mensch ist) von dem zu trennen, was sie »Christus des Glaubens« nennen, d. h. den Christus der Legenden und Fabeln. Sie haben versucht, alle wunderbaren Aussagen und Taten von den Evangelien abzuschälen, um diesen Menschen, Jesus, zu finden. Doch viele moderne Theologen geben zu, dass dieser Versuch ein gigantischer Fehlschlag war. Es gibt heute so viele »historische Jesusse« wie es Theologen gibt. Jeder hat seine eigene Biografie Jesu geschrieben! Das Leben Jesu ist ein Spiegel, in dem jeder Theologe seine eigenen Gedanken, Zweifel, Ziele und Pläne wiederfindet.

Die Suche nach dem historischen Jesus ist so wie der Rohrschach-Test mit seinen Tintenklecksen. Weil die Schriften des Neuen Testamentes als verlässliche Quellen abgelehnt werden und nur die jeweilige Auffassung des Theologen zählt, haben sich so viele Portraits Jesu ergeben.

Einige Verfasser sahen ihn als Hippie der Gegenkultur, andere haben ihn als einen jüdischen Reaktionär, einen charismatischen Rabbi oder sogar als homosexuellen Zauberer dargestellt. Der berühmte Humanist Albert Schweitzer schrieb seine eigene Biografie Christi und zog den Schluss, dass Jesu Geistesgestörtheit ihn behaupten ließ, er sei Gott.

Letztlich erfahren wir aus all diesen »Biografien« mehr über die Verfasser als über Jesus! Ihre ständigen Widersprüche und subjektiven Auffassungen haben viele Theologen dazu gebracht, ihre Hände voll Verzweiflung zu heben und zuzugeben, dass die Suche nach dem historischen Jesus ein Fehlschlag war. Diese Theologen haben entdeckt, dass das Portrait Jesu im Neuen Testament aus einem Stück Stoff gefertigt ist. Sie fanden keine Naht in dem Gewand, an der man den »historischen Jesus« vom »Jesus des Glaubens« hätte trennen können. Kein Rasiermesser war scharf genug, das Neue Testament objektiv aufzuspalten. Viele schlossen aus der Vergeblichkeit der Suche nach dem historischen Jesus, dass wir am besten damit umgehen, wenn wir sagen, dass wir über Jesus gar nichts sicher wissen können.

In meinem Buch »Christus unter anderen Göttern« erzähle ich die Geschichte des gefeierten Gemäldes von Burne-Jones mit dem Namen »Liebe unter Ruinen«, das von einer Restaurierungsgesellschaft zerstört wurde, die es eigentlich hätte instand setzen sollen. Obwohl ausdrücklich darauf hingewiesen wurde, dass es sich um Wasserfarben handele und deshalb besondere Aufmerksamkeit erfordern würde, benutzte die Gesellschaft das falsche Lösungsmittel und löste damit die Farbe auf.[4]

Zu allen Zeitaltern haben Menschen versucht, das farbige Portrait Jesu im Neuen Testament auf Graustufen zu reduzieren, die Wunder zu retuschieren und seine Ansprüche zu vermenschlichen. Bislang hat noch niemand das Lösungsmittel gefunden, das man braucht, um das Original zu neutralisieren und es in ein kaltes langweiliges Bild zu verwandeln. Ganz gleich, wie sehr man versucht, die Farbtöne mit denen eines gewöhnlichen Menschen zu vermischen, das Portrait bleibt hartnäckig, immun gegen den Versuch, zwischen Original und angeblichen späteren Ergänzungen zu unterscheiden.

So sehr sie es auch versuchten, es ist niemandem gelungen auf den Seiten des Neuen Testamentes einen nur und ausschließlich menschlichen Jesus zu finden. Der Subjektivismus jedes Ansatzes brachte als Ergebnis nur zufällige Stückchen und Fragmente, die kaum noch zusammen passen. Man hat letztlich nur noch zwei Möglichkeiten: *Entweder Jesus so zu nehmen, wie er im Neuen Testament dargestellt wird, oder aber zu bekennen, dass man gar nichts über ihn weiß*. Letztlich werden wir vor die Erkenntnis gestellt, dass entweder das Portrait der Evangelien ganz richtig ist oder ganz falsch. Wer sich wie diese Theologen schon vorher dafür entschieden hat, einen wunderwirkenden Christus auf keinen Fall zu akzeptieren, hat sich letztlich dafür entschieden, dass es vielleicht überhaupt keinen historischen Jesus gegeben hat.

Augustinus hat lange vor den Theologen gelebt, welche die Bibel nach ihrem eigenen Gutdünken zerstückelt haben. Doch gab es schon zu seiner Zeit Menschen, die nur glaubten, was sie wollten und den Rest ablehnten. Er schrieb: »Wenn du in den Evangelien nur das glaubst, was dir gefällt, und alles ablehnst, was dir nicht gefällt, dann glaubst du nicht an das Evangelium, sondern an dich selbst.«

Wie wahr!

Glauben, was Jesus geglaubt hat

Wenn wir bereit sind, das Neue Testament mit demselben Respekt zu behandeln, den wir anderen historischen Dokumenten entgegenbringen, dann entdecken wir, dass es verlässliche Augenzeugenberichte des Lebens und des Dienstes Jesu enthält. Es konfrontiert uns mit einem Jesus, der behauptet hat, dass er Gott sei und es auch noch beweisen konnte.

Dies ist ein weiterer Grund für unseren Glauben, dass die Bibel das Wort Gottes ist: *Jesu Autorität*. Sicherlich ist seine Meinung wichtig und zwar nicht nur für Christen, sondern auch für solche, die ihm nur in einiger Entfernung folgen wollen. Deshalb stehen wir hier vor der Frage: Was dachte Jesus über seine Bibel, das Alte Testament?

Wenn wir die Autorität Jesu hinzuziehen, um die Glaubwürdigkeit des Alten Testamentes zu untermauern, befinden wir uns nicht in einem Zirkelschluss: Das Leben, der Tod, die Auferstehung und die Behauptungen Christi können unabhängig durch historische Fakten bewiesen werden, wie wir im letzten Kapitel gezeigt haben.

Ein kritischer Theologe sagte, dass wir nicht wissen können, ob die Bibel irrtumslos ist, weil »nur ein allwissendes Wesen« feststellen könnte, dass sie in jeder Einzelheit recht hat. In Jesus hat dieser Zweifler genau das, was er fordert: *den allwissenden Herrn, der lehrt, dass das Alte Testament irrtumslos ist!*

Jesus glaubte der alttestamentlichen Geschichtsschreibung

Wir haben schon gelernt, dass die Bibelkritiker viele Geschichten der Bibel als Mythologie abtun. Sie reden fromm davon, dass man die Bibel »ernst« aber nicht »wörtlich« nehmen müsse. Das bedeutet jedoch praktisch, dass Adam und Eva niemals gelebt haben, auch Noah, Mose und Jona nicht, um nur ein paar wenige zu nennen. Es gibt keine Wunder, keine persönlichen Worte Gottes an die Menschen.

Doch interessanterweise hat Jesus die Berichte des Alten

Testamentes und die damit verbundenen Wunder mit seiner Autorität untermauert..

Hier nur einige Beispiele:

- Einige Ausleger sind der Auffassung, dass Adam und Eva nur mythologische Figuren seien, doch Jesus hat diese Geschichte aus dem 1. Buch Mose bestätigt: »Habt ihr nicht gelesen, dass der, welcher sie schuf, sie von Anfang an als Mann und Weib schuf, und sprach: ›Darum wird ein Mensch Vater und Mutter verlassen und seiner Frau anhängen, und es werden die zwei *ein* Fleisch sein‹?« (Mt 19,4-5).

- Viele Menschen glauben nicht an die Geschichte der Flut, doch Jesus hat gesagt: »Aber wie die Tage Noahs waren, so wird auch die Ankunft des Sohnes des Menschen sein. Denn wie sie in den Tagen vor der Flut waren: sie aßen und tranken, sie heirateten und verheirateten, bis zu dem Tag, da Noah in die Arche ging, und sie es nicht erkannten, bis die Flut kam und alle wegraffte, so wird auch die Ankunft des Sohnes des Menschen sein« (Mt 24,37-39).

Interessanterweise leitet er diese Bestätigung von Noah und der Flut mit den Worten ein: »Der Himmel und die Erde werden vergehen, meine Worte aber sollen *nicht* vergehen« (Mt 24,35). So werden wir vor eine Entscheidung gestellt: Glauben wir den Kritikern, welche die Verlässlichkeit dieses Berichtes anzweifeln, oder glauben wir Jesus? Kein Wunder, dass die liberalen Theologen lieber sagen, dass wir über den historischen Jesus nichts wissen!

Doch könnte Jesus hier nur einen weitverbreiteten Glauben für seine Argumentation benutzt haben? Man hat die These vorgeschlagen, dass er selbst nicht an die Flut geglaubt habe, sondern einfach weitverbreitete Glaubensvorstellungen dieser Zeit ausgenutzt habe. Doch solch eine Feststellung reicht nicht.

In seinem Buch »Jesus und die Bibel« hat John Wenham gezeigt, dass solch eine Sicht schlichtweg absurd ist. »Der zukünftige Richter richtet Worte an Menschen, die in der Zukunft einmal schuldig vor seinem Richterstuhl stehen werden. ... Und doch sollen wir glauben, dass er gesagt habe, dass eine mythische Person, die nach der ebenso mythischen Predigt eines ebenfalls mythischen Propheten Buße getan hat, eines Tages auferstehen wird, um die wirkliche Unbußfertigkeit seiner wirklichen Zuhörer zu verurteilen.«[5] Jesus glaubte die Geschichte von Noah und der Flut. Sollten wir es besser wissen als er?

- Wir haben gehört, dass viele Gelehrte nicht glauben, dass Mose gelebt hat, weil es keine unabhängige Bestätigung für sein Leben und die Geschichte des Auszuges gibt. Jesus hat jedoch an den Bericht über Mose und Gottes täglicher Versorgung durch Manna geglaubt. »Unsere Väter aßen das Manna in der Wüste, wie geschrieben steht: ›Brot aus dem Himmel gab er ihnen zu essen.‹« Da sprach Jesus zu ihnen: Wahrlich, wahrlich, ich sage euch: Nicht Mose hat euch das Brot aus dem Himmel gegeben, sondern mein Vater gibt euch das wahrhaftige Brot aus dem Himmel« (Joh 6,31-32).

- Jesus bestätigt zwei Geschichten aus dem Buch Jona, die oft nicht geglaubt werden, nämlich, dass Jona von einem Fisch verschlungen wurde und dass Ninive sich nach seiner Predigt bekehrte. Hören Sie, wie Jesus diese Berichte verstand: »Ein böses und ehebrecherisches Geschlecht begehrt ein Zeichen, und kein Zeichen wird ihm gegeben werden als nur das Zeichen Jonas, des Propheten. Denn

> gleichwie Jona drei Tage und drei Nächte in dem Bauch des großen Fisches war, so wird der Sohn des Menschen drei Tage und drei Nächte im Herzen der Erde sein. Männer von Ninive werden aufstehen im Gericht mit diesem Geschlecht und werden es verdammen, denn sie taten Buße auf die Predigt Jonas; und siehe, mehr als Jona ist hier« (Mt 12,39-41).

Zweifeln Sie daran, dass Gott Sodom und Gomorra für ihre Sünde bestraft hat? Oder dass Lots Frau zurückblickte und zur Salzsäule wurde? Jesus hat ständig solche Berichte des Alten Testaments als Fakten herangezogen. So werden historische Ereignisse als Grundlage zukünftiger Erwartungen angesehen.

Später in diesem Buch werden wir zeigen, dass Jesus die gesamte alttestamentliche Geschichte von Anfang bis Ende für wahr hielt. Das sollte uns Vertrauen in die Historizität des Alten Testamentes geben.

Jesus akzeptierte die Autorität des Alten Testamentes

Jesus zitierte aus dem Alten Testament, um Streitfragen zu klären. Ja, auch zu seiner Zeit gab es schon Liberale. Als die Sadduzäer versuchten, seine Lehre von der Auferstehung lächerlich zu machen, antwortete er: »Irrt ihr nicht deshalb, weil ihr die Schriften nicht kennt und nicht die Kraft Gottes?« (Mk 12,24).

Er fuhr fort: »Was aber die Toten betrifft, dass sie auferweckt werden: Habt ihr nicht im Buch Moses gelesen, wie Gott beim Dornbusch zu ihm redete und sprach: ›Ich bin der Gott Abrahams und der Gott Isaaks und der Gott Jakobs‹? Er ist nicht der Gott von Toten, sondern von Lebenden. Ihr irrt sehr« (V. 26-27). Jesus argumentierte für die Auferstehung aufgrund eines einzelnen Wortes, einem

Verb im Präsens, der Gegenwartsform! Wenn es keine Auferstehung gegeben hätte, hätte Gott gesagt: »Ich *war* der Gott Abrahams«, doch weil Gott das Präsens benutzt hat, »Ich *bin* der Gott Abrahams«, muss dies bedeuten, dass Abraham, Isaak und Jakob noch lebten und auch wiederauferstehen würden!

Der Fehler der Pharisäer bestand nicht so sehr darin, dass sie die Schrift zu sehr studiert hätten, doch sie haben nicht genug darüber nachgedacht. Ihr Fehler war, dass sie das Gesetz zu rigoros anwendeten, ohne seine tiefere Bedeutung zu erforschen (Mt 23,23). Ja, Jesus stellte sogar heraus: »Meint nicht, dass ich gekommen sei, das Gesetz oder die Propheten aufzulösen; ich bin nicht gekommen, aufzulösen, sondern zu erfüllen« (Mt 5,17). Sie sollten nicht nur dem Buchstaben gehorchen, sondern auch dem Geist des Gesetzes.

Jesus war weit davon entfernt, die Schriften des Alten Testaments in Misskredit zu bringen. Er sagte: »Auf Moses Lehrstuhl haben sich die Schriftgelehrten und die Pharisäer gesetzt. Alles nun, was sie euch sagen, tut und haltet; aber handelt nicht nach ihren Werken, denn sie sagen es und tun es nicht« (Mt 23,2-3). Er anerkannte ihre Lehre, doch er war traurig darüber, dass sie ihre Lehren so oberflächlich verstanden. Er kritisierte sie dafür, dass sie es ihrer geistlichen Blindheit und ihren Traditionen gestatteten, die Bedeutung des Gesetzes zu verschleiern. Er sagte, dass sie vergeblich die Schriften studieren würden (Joh 5,39-47).

Jesus empfahl alttestamentliche Verhaltensregeln

Haben Sie schon einmal sagen hören, dass das Alte Testament als Maßstab für unser Verhalten und unsere geistlichen Werte nicht relevant sei? Jesus dachte nicht so. Als ihn ein Jurist fragte: »Welches ist das größte Gebot in dem Gesetz?« (Mt 22,36), antwortete Jesus, indem er zwei alttestamentliche Zitate miteinander verband. »›Du sollst den Herrn, deinen Gott, lieben mit deinem ganzen Herzen und mit deiner ganzen Seele und mit deinem ganzen Verstand.‹ Dies ist das größte und erste Gebot. Das zweite aber ist ihm gleich: ›Du sollst deinen Nächsten lieben wie dich selbst.‹ An diesen zwei Geboten hängt das ganze Gesetz und die Propheten« (Mt 22,37-40).

Das sind keine neutestamentlichen, sondern alttestamentliche Gebote, sie liegen dem alttestamentlichen Gesetz zugrunde. Das Neue Testament ist nicht unabhängig vom Alten, sondern seine Erfüllung. Jede Vorstellung, dass der Gott des Alten Testaments ein Gott des Zorns und der des Neuen ein Gott der Barmherzigkeit sei, ist unbegründet.

Und wieder mag ein Kritiker fragen: Könnte es nicht sein, dass Jesus gar nicht an die Autorität des Alten Testamentes geglaubt hat, sondern seine Kritiker mit ihren eigenen Argumenten schlug, ohne dabei ihre Irrtümer zu korrigieren? Man sagt damit, dass Jesus mehr daran interessiert gewesen sei, seine Gegner in Misskredit zu bringen als die Grundlagen der ewigen Wahrheit zu offenbaren.

Doch an anderen Stellen hat sich Jesus nicht gescheut, falsche Vorstellungen zu korrigieren. Er zögerte nicht, den Traditionalismus der Pharisäer bloßzustellen und ihre nationalistischen Vorstellungen über den Messias zu korrigieren. Wie Wenham sagt: »Sicherlich wäre er bereit gewesen, deutlich die Vermischung von göttlicher Wahrheit und menschlichen Irrtümern in der Bibel bloßzustellen, hätte er nur gewusst, das so etwas überhaupt existiert.«[6] Es ist einfach kein ernstzunehmendes Argument, Jesus sei bewusst gewesen, dass die Juden die Schrift falsch auslegten, es aber in der Hoffnung toleriert habe, sie auf andere Weise korrigieren zu können.

Denken Sie daran, wie Jesus sich bei seiner Versuchung verhalten hat. Dreimal sagte er zu Satan: »Es steht geschrieben«, um anschließend einen passenden Text aus dem Alten Testament zu zitieren. Es ist offensichtlich, dass er Satan niemals aufgrund falscher Annahmen hätte gegenübertreten können.

Der Ausdruck: »Es *steht* geschrieben« ist äquivalent mit »Gott sagt.« »Hier haben wir das ewige unveränderliche Zeugnis vom ewigen Gott, zu unserem Nutzen und unserer Unterweisung in Schrift gefasst.«[7] Noch im Sterben waren Worte aus der Bibel in Jesu Mund. »Mein Gott, mein Gott, warum hast du mich verlassen?« (Mt 27,46; vergl. Ps 22,1), und: »In deine Hände übergebe ich meinen Geist« (Lk 23,46; vgl. Ps 31,5).

Nach der Auferstehung wies er seine Jünger wieder auf die Schriften hin. Den Jüngern, die auf dem Weg nach Emmaus waren, zitierte er aus dem Alten Testament: »Und von Mose und allen Propheten anfangend, erklärte er ihnen in allen Schriften das, was ihn betraf« (Lk 24,27). Eine wichtige Eigenschaft des Alten Testamentes ist, dass es von Gott eingegeben ist. Wenn man sagt: »Die Bibel sagt«, so sagt man letztlich: »Gott sagt.«

Jesus bestätigt die alttestamentlichen Prophetien

In Kapitel 3 habe ich festgestellt, dass Jesus oft das kleine Wörtchen »müssen« und seine Ableitungen benutzt. Er verwendete es am häufigsten im Zusammenhang mit den alttestamentlichen Prophezeiungen. Es gab für ihn keinen Zweifel, dass sich die alttestamentliche Schrift erfüllen muss.

Er sagte seinen eigenen Tod voraus.

- »Siehe, wir gehen hinauf nach Jerusalem, und es *wird* alles vollendet werden, was durch die Propheten auf den Sohn des Menschen hin geschrieben ist; denn er *wird* den Nationen überliefert werden und *wird* verspottet und geschmäht und angespieen werden; und wenn sie ihn gegeißelt haben, *werden* sie ihn töten, und am dritten Tag *wird* er auferstehen« (Lk 18,31-33, Hervorhebung vom Autor).

- »Denn ich sage euch, dass noch dies, was geschrieben steht, an mir erfüllt werden *muss*: ›Und er ist unter die Gesetzlosen gerechnet worden‹, denn auch das, was mich betrifft, hat eine Vollendung« (Luk 22,37, Hervorhebung vom Autor).

- »Der Sohn des Menschen geht ... dahin, *wie über ihn geschrieben steht*« (Mt 26,24; Mk 14,21, Hervorhebung vom Autor).

- »Meinst du, dass ich nicht jetzt meinen Vater bitten könne und er mir mehr als zwölf Legionen Engel stellen werde? *Wie sollten denn die Schriften erfüllt werden, dass es so geschehen muss*? ... Aber dies alles ist geschehen, damit die Schriften der Propheten erfüllt werden« (Mt 26,53-54.56, Hervorhebung vom Autor).

- »O ihr Unterständigen und trägen Herzens, zu glauben an alles, was die Propheten geredet haben! *Musste* nicht der Christus dies leiden und in seine Herrlichkeit eingehen?« (Lk 24,25-26, Hervorhebung vom Autor).

- »*So steht geschrieben*, und so musste der Christus leiden und am dritten Tag auferstehen aus den Toten und in seinem Namen Buße und Vergebung der Sünden gepredigt werden allen Nationen, anfangend von Jerusalem« (Lk 24,46-47, Hervorhebung vom Autor).

- »*Die Schriften* ... sind es die von mir zeugen. ... Denn wenn ihr Mose glaubtet, so würdet ihr mir glauben, denn er hat von mir geschrieben. Wenn ihr aber seinen Schriften nicht glaubt, wie werdet ihr meinen Worten glauben?« (Joh 5,39.46-47, Hervorhebung vom Autor).

- »Ich rede nicht von euch allen, ich weiß, welche ich erwählt habe; aber *damit die Schrift erfüllt würde*: ›Der mit mir das Brot isst, hat seine Ferse gegen mich aufgehoben‹« (Joh 13,18, Betonung vom Autor, vergl. Ps. 41,9).

Für Jesus waren die Worte der Schrift Gottes Wort. »Habt ihr nicht gelesen?« bedeutete bei ihm: »Wisst ihr nicht, dass Gott gesagt hat?« Für ihn waren die Ausdrücke »Wort Gottes« und »Schrift« austauschbar, wenn er das Alte Testament zitierte. Z. B. heißt es im Alten Testament: »Darum wird ein Mann seinen Vater und seine Mutter verlassen« (1Mo 2,24). Als Jesus diesen Vers zitierte, sagte er nicht: »Die Schrift sagt«, sondern schrieb diese Worte Gott direkt zu: »*Welcher sie schuf* ... sprach« (Mt 19, 4-5, Hervorhebung vom Autor).

Um nochmals Wenham zu zitieren: »Jesus hat die Schrift nie um ihrer selbst erhoben, doch er gestattet es nie, einen Keil zwischen die Schrift und ihre Botschaft zu treiben. Was die Schrift sagt, ist für ihn Wort Gottes, Gott ist ihr eigentlicher Verfasser.«[8]

Jesus bestätigte die Irrtumslosigkeit des Alten Testaments

Dass Jesus das Alte Testament als absolut verbindlich sah, ist eindeutig genug, doch glaubte er auch, dass jedes Wort inspiriert ist? »Meint nicht, dass ich gekommen sei, das Gesetz oder die Propheten aufzulösen; ich bin nicht gekommen, aufzulösen, sondern zu erfüllen. Denn wahrlich, ich sage euch: Bis der Himmel und die Erde vergehen, soll auch nicht ein Jota oder ein Strichlein von dem Gesetz vergehen, bis alles geschehen ist« (Mt 5,17-18).

Er war der Auffassung, dass sich die Genauigkeit des Alten Testamentes bis auf den kleinsten Buchstaben erstreckte, vergleichbar in unserer Schrift mit einem I-Punkt oder dem Strich, der aus einem P ein R macht. Diese Einzelheiten sind wichtig, weil Buchstaben zusammen Wörter ergeben, und diese Wörter eine Bedeutung haben.

Stellen Sie sich vor, wie Jesus in einer Menge aufgebrachter Juden steht, die ihn der Gotteslästerung anklagt, weil er behauptet hat, er sei Gott. Er verteidigte sich brillant, indem er fragt: »Steht nicht in eurem Gesetz geschrieben: ›Ich habe gesagt: Ihr seid Götter‹?« (Joh 10,34). Jesus bezog sich auf das Gesetz, weil er wusste, dass sie dies als Autorität anerkennen würden. Wenn wir normalerweise das Wort »Gesetz« hören, denken wir an die fünf Bücher Mose, doch wurde damit auch das gesamte Alte Testament bezeichnet. Jesus zitiert hier aus Psalm 82,6.

In diesem Psalm wird Gott als der wahre Richter gesehen (V 1.8), doch die Menschen, die ihn vertraten, sprachen falsche Gerichtsurteile im Auftrage Gottes. Das Wort »Götter« in Vers 1 bezieht sich auf diese Richter. Natürlich waren sie nicht wirklich »Götter«, aber sie hatten unter den Menschen eine enorm bedeutsame Stellung.

Nun sagte Jesus – das ist seine Argumentation – wenn es in manchen Situationen erlaubt ist, von Menschen als Göttern zu reden, warum er dann der Gotteslästerung angeklagt werden sollte, wenn *er* sich Gott nenne? Schließlich hatte er weitaus bessere Referenzen als sie. Seine Ankläger waren verständlicherweise entwaffnet.

In diesem Zusammenhang machte Jesus quasi im Vorbeigehen eine Aussage, die seinen großen Respekt vor dem Alten Testament beweist. Zitieren wir die ganze Aussage: »steht nicht in eurem Gesetz geschrieben: ›Ich habe gesagt: Ihr seid Götter‹? Wenn er jene Götter nannte, an die das Wort Gottes erging – *und die Schrift kann nicht aufgelöst werden* –, sagt ihr von dem, den der Vater geheiligt und in die Welt gesandt hat: Du lästerst, weil ich sagte: Ich bin Gottes Sohn? (Joh 10,34-36, Hervorhebung vom Autor).

Man beachte, wie ganz nebenbei diese Worte »die Schrift kann nicht aufgelöst werden« über seine Lippen kommen. Er meinte nicht, dass dieser eine Abschnitt der Schrift nicht aufgelöst werden könne, sondern einfach »die Schrift kann nicht aufgelöst werden«, womit das Alte Testament in seiner Gesamtheit gemeint ist. Selbst in kleinsten Einzelheiten ist die Bibel in ihren Aussagen exakt.

Wir haben gelernt, dass Inspiration, wenn sie eine echte Bedeutung haben soll, als wörtliche Inspiration verstanden werden muss. Die moderne Vorstellung, dass Gedanken inspiriert sind, nicht aber die Worte, geht am Wesen der Sprache vorbei. Natürlich gibt die Bibel Gottes Gedanken wieder, doch sind diese Gedanken in Worte gefasst worden, und deshalb stand die genaue Ausdrucksweise unter der Aufsicht Gottes. Ob wir es selbst annehmen wollen oder nicht, Jesus glaubte dem Alten Testament bis auf den Buchstaben.

Stellen Sie sich vor, dass sie einen Vertrag mit einem Mann unterschreiben, der verspricht, Ihnen ein Haus zu bauen. Ein paar Tage später will er sich nicht mehr an die Abmachung halten. Sie weisen auf den Abschnitt des Vertrages hin, auf den Sie sich geeinigt haben, aber er antwortet: »Das kann man nicht so wörtlich nehmen, es geht hier mehr um den *Gedanken*!« Was würde man zu solch einem Verhalten sagen?

Ist die Bibel rein und frei von Irrtümern? Wir müssen fragen, ob Gott selbst rein und frei von Irrtümern ist. Jesus hätte niemals seine Zustimmung zu falschen Aussagen oder Lehren gegeben. Wir können die einfache Tatsache nicht umgehen, dass Jesus glaubte, dass die Worte des Alten Testamentes inspiriert sind. Für ihn galt: *Wenn das Alte Testament es sagt, dann hat Gott selbst es gesagt.*

Eine Anwendung, die Ihr Leben verändern kann

»Wenn Sie nicht mit allem übereinstimmen, was David *getan hat*, warum stimmen Sie dann mit allem überein, was er *geschrieben hat*?«, fragte mich ein liberaler Pastor, als wir über die Frage der Erbsünde diskutierten. Ich hatte diese Lehre verteidigt und dazu David in Psalm 51 zitiert: »In Sünde hat mich meine Mutter empfangen« (V. 7). Seine Argumentation war klar: Weil David ein fehlbarer Mensch war, konnte er keinen unfehlbaren Psalm schreiben. Oder mindestens gibt es keinen Anlass zu denken, dass er es konnte.

Ich konnte ihm bei diesem Gespräch keine Antwort auf sein Argument geben, doch ich habe sie später gefunden. Jesus wusste, dass die Verfasser der Bibel fehlbare Menschen waren, doch er bekräftigte, dass das, was sie geschrieben haben, *un*fehlbar war. Es musste so ein, wenn Gott Menschen gebrauchen wollte, um uns die Schrift zu geben.

Jesus verstand, dass ein Mensch etwas Inspiriertes schreiben konnte, das wahr ist, auch wenn er in seinem persönlichen Leben fehlbar war. Er wusste, dass David, der Verfasser vieler Psalmen, fehlbar war, doch was er durch Inspiration Gottes geschrieben hat, war wirklich das Wort Gottes. Wie wir gesehen haben, unterschied Jesus hier nicht zwischen Wahrheit und Irrtum. Er hatte es nicht nötig, in der Schrift die Spreu vom Weizen, Irrtum von Wahrheit zu trennen. David schrieb unter der Inspiration Gottes.

Wenn Jesus dem Alten Testament glaubte, zu dem ja Psalm 51 gehört, können wir weniger tun? Wissen wir mehr über Gott, die Wissenschaft und die Geschichte als er? Wir sollten uns nicht schämen zu sagen: »Die Bibel sagt«, denn was die Bibel sagt, sagt Gott.

Ein Mathematiker kann beweisen, dass er einer Steinlawine ausweichen kann, weil er den Fallweg jedes einzelnen

Felsstückes berechnen kann, und ein beweglicher Mensch jedem einzelnen davon ausweichen kann. Auf die gleiche Weise können Theologen versuchen, jede einzelne Bestätigung des Alten Testamentes durch Jesus wegzuerklären. Doch diese Aussagen kommen nicht einzeln, sondern »sind zusammen eine große Lawine von sich ergänzenden Einzelbeweisen, denen man, wenn man ehrlich ist, nicht wirklich ausweichen kann.«[9]

Es ist nicht zu leugnen, dass Jesus an die Autorität des gesamten Alten Testamentes geglaubt hat. Er ist nicht nur unser Lehrer, sondern auch unser Erlöser, und alle, die ihn als Lehrer annehmen, müssen, wenn sie ehrlich sind, sich vor ihm auch als Erlöser beugen.

Der Hohepriester verhörte Jesus, doch bis zu diesem Augenblick hatte Jesus geschwiegen.

»Bist du der Christus, der Sohn des Hochgelobten?«

»Ich bin es! Und ihr werdet den Sohn des Menschen sitzen sehen zur Rechten der Macht und kommen mit den Wolken des Himmels« (Mk 14,61-62). Wer Jesus jetzt nicht als Erlöser annimmt, wird ihm einst als seinem Richter begegnen. Jedenfalls ist eine Konfrontation mit Jesus unausweichlich. Die Weisen werden an das glauben, an das Jesus geglaubt hat und ihm folgen, wohin er sie führt.

DENKANSTOß

Könnten die Jünger die Jesusgeschichten erfunden haben?

Ganz tief in unserem Bewusstsein kann sich die Frage erheben: Könnten die Jünger die Jesusgeschichten erfunden haben? Könnte es sein, dass die Leute im Jesus-Seminar recht haben, wenn sie davon ausgehen, dass ein Mann namens Jesus existiert hat, und seine Jünger ihn erst zum Christus, dem Messias gemacht haben? Selbst wenn wir den geschichtlichen

Jesus nicht vom Jesus des Glaubens trennen können, selbst wenn wir den »historischen Jesus« nicht finden – ist es nicht dennoch möglich, dass seine Anhänger von einem »messianischen Fieber« erfasst waren und deshalb die Geschichten um Jesus ausschmückten? Waren sie in der Lage, einen gewöhnlichen Menschen zum Messias zu machen?

Nein, die Jünger hätten Jesus weder absichtlich noch unabsichtlich erfinden können. In seinem Buch »Geschichte und Christentum« gibt Dr. John Warwick Montgomery drei überzeugende Gründe an, warum es den Jüngern unmöglich war, den Menschen Jesus zu nehmen und ihn nach ihren Vorstellungen zum Messias zu machen.[10]

Erstens unterscheidet sich Jesus, wie er im Neuen Testament beschrieben wird, radikal von dem Messias, den die Juden seiner Zeit erwarteten. Mit anderen Worten: Jesus war ein schlechter Kandidat für »Vergötterung«.

Der verstorbene jüdische Gelehrte Edersheim von der Universität Oxford hat gezeigt, dass es für einen Messias unerhört war zu erklären, dass er nicht die Heiden zu Juden machen, sondern dass er sowohl Juden als auch Heiden zu »Kindern des einen himmlischen Vaters« machen wollte. Es war ebenso unerhört, die Heiden nicht unter das Gesetz zu stellen, sondern die Juden und Heiden von ihm zu befreien und die Ansprüche des Gesetzes »ein für allemal zu erfüllen«.

Um Edersheim zu zitieren: »Die Offenbarung, auf welche die Juden am wenigsten vorbereitet waren und die sie am wenigsten erwarteten, war von ihrem Standpunkt aus gesehen das Niederwerfen der Trennwand zwischen Juden und Heiden, dass die Feindschaft des Gesetzes weggenommen und ans Kreuz genagelt wurde. Es gab nichts ähnliches ... Ganz gewiss: Jesus entsprach keineswegs seiner Zeit.«[11] Die Juden seiner Zeit erwarteten, dass der Messias mit dem Schwert erscheinen würde, um die römischen Machthaber aus dem Land zu vertreiben. Einige dachten, er würde den

Überrest der zehn verlorenen Stämme zurückbringen und Israel und Juda wiedervereinigen.

Jesus war für alle diese Erwartungen eine bittere Enttäuschung. Die Juden wollten keinen Messias annehmen, der sagte: »Mein Reich ist nicht von dieser Welt« (Joh 18,36). Kein Wunder, dass das offizielle Judentum seine Kreuzigung arrangierte. *Hätten die Jünger nach einem Mann Ausschau gehalten, um ihn zum Messias zu machen, hätte Jesus nie auf der Liste gestanden.*

Zweitens war es den Jüngern psychologisch überhaupt nicht möglich, einen Menschen Gott zu nennen. Das Hauptbekenntnis des Judentums lautet: »Höre, Israel: Der Herr, unser Gott, ist *ein* Herr« (5Mo 6,4, Zürcher). Die größte Gotteslästerung war der Götzendienst, d. h. eine Person oder ein Ding »Gott« zu nennen. Für die Jünger hätte das bedeutet, den fundamentalsten Grundsatz des Gesetzes zu brechen: »Du sollst keine andern Götter haben neben mir« (2Mo 20,3).

Hätten sie solch ein Gebot gebrochen, dann wären sie nach Aussage Montgomerys entweder »Scharlatane oder Psychopathen« gewesen. Er fährt fort: »Doch sie werden in den Dokumenten als praktische, normale, nüchterne Fischer, knallharte Steuereintreiber usw. beschrieben, Menschen, die oft mehr als die übliche Skepsis besaßen.«[12]

Es geht hier darum, dass die Jünger überzeugt werden mussten, dass Jesus wirklich der Messias war. Es gab keinen Weg, auf dem sie einen normalen Menschen zu ihrem Gott gemacht hätten.

Drittens war es die Auferstehung, die diese Männer zu überzeugten Nachfolgern Jesu machte. Lesen Sie die Berichte des Neuen Testamentes, und Sie werden zweifellos entdecken, dass die Verfasser den Unterschied zwischen Fakten und Fiktion sehr wohl kannten. Sie waren sich bewusst, das falsche Messiasse kommen und gehen, und deshalb waren sie Jesus gegenüber skeptisch. Doch nachdem er von den Toten auferstanden war, waren sie überzeugt, dass Jesus wirklich der Messias, der Retter der Welt ist.

»Der ungläubige Thomas« wie der Jünger oft genannt wird, erinnert uns daran, dass Jesus Skeptikern entgegenkommt, deren Herzen offen für die Wahrheit ist, doch die ehrlich glauben, dass es nicht genug Beweise gibt. Zweifeln, so hat jemand einmal gesagt, ist »das Stolpern über einen Stein, den wir nicht verstehen.« Es heißt, dass die Menschen, die nie gezweifelt haben, auch nicht wirklich glauben.

Thomas hatte einen Hang zum Pessimismus, die Vorstellung, dass letztlich alles schlimm enden würde. Nach der Auferstehung erschien Jesus seinen Jüngern, aber Thomas war nicht dabei. Er war nicht gerade die Sorte Jünger, die so vom »messianischen Fieber« befallen war, dass er nach Gründen suchte, um aus Jesus einen Gott zu machen.

»Da sagten die anderen Jünger zu ihm: Wir haben den Herrn gesehen. Er aber sprach zu ihnen: Wenn ich nicht in seinen Händen das Mal der Nägel sehe und meine Finger in das Mal der Nägel lege und lege meine Hand in seine Seite, so werde ich nicht glauben« (Joh 20,25).

Acht Tage später forderte Jesus Thomas heraus: »Reich deinen Finger her und sieh meine Hände, und reiche deine Hand her und lege sie in meine Seite, und sei nicht ungläubig, sondern gläubig. Thomas antwortete und sprach zu ihm: Mein Herr und mein Gott!« (V. 27-28).

Jesus fügte noch hinzu: »Weil du mich gesehen hast, hast du geglaubt. Glückselig sind, die nicht gesehen und doch geglaubt haben!«

Ein Buddhist in Afrika, der sich zum Christentum bekehrt hatte, wurde gefragt, warum er seinen Glauben gewechselt habe. Er antwortete: »Es ist so, wenn du einen Weg gehst und kommst an eine Abzweigung am Weg und wenn dort zwei Männer wären, der eine tot, der andere lebendig – wessen Wegweisung würdest du folgen?«

Wenn der Jesus des Neuen Testamentes nicht existiert hätte, hätte ihn niemand erfunden, ja, niemand *könnte* ihn erfinden. Als die Hohenpriester und Pharisäer Offiziere schickten, um Jesus festzunehmen, kamen sie ohne ihn zurück. Als man nach dem Grund forschte, antworteten sie: »Niemals hat ein Mensch so geredet wie dieser Mensch« (Joh 7,46). Entweder wir lassen uns von diesem Mann richten oder wir richten ihn.

Unsere Wahl wird über unsere Zukunft entscheiden.

Anmerkungen

1 Zitiert in: »The Gospel Truth?«, *Time* v. 8. Apr.1996, S. 54.
2 Ebd.
3 Ebd. S. 55.
4 Erwin W. Lutzer, *Christ Among Other Gods*. Chicago: Moody 1994, S. 94-95. Dieses Buch diskutiert die Autorität Jesu ausführlicher.
5 John W. Wenham, *Christ and the Bible*. Grand Rapids: Baker 1994, S. 14.
6 Ebd. S. 21.
7 Ebd. S. 22.
8 Ebd. S. 28.
9 Edward J. Young, Thy Word is Truth. Grand Rapids, Eerdmans: 1957, S. 55.
10 John Warwick Montgomery, *History and Christianity*. Minneapolis: Bethany 1964. Dieses Buch ist eine leidenschaftliche und überzeugende Darstellung der Verlässlichkeit des neutestamentlichen Bildes Jesu.
11 Zitiert in: Montgomery: *History and Christianity*, S. 67-68.
12 Ebd. S. 72.

Der fünfte Grund

Die Naturwissenschaft – die Schöpfungsgeschichte

»Im Anfang schuf Gott die Himmel und die Erde.«

Diese neun Worte sind die Grundlage aller wissenschaftlichen Erkenntnis. »Im Anfang« führt das Konzept der *Zeit* ein, d. h. der Ausdruck bezieht sich auf einen bestimmten Punkt im Zeitkontinuum, an dem die Schöpfung erfolgte. »Schuf« führt das Konzept der *Energie* ein, die Kräfte im Universum, die eine so große Rolle dabei spielen, das Leben und die Geheimnisse der Planeten zu erklären. »Gott« ist die Basis der *Personalität*. Und schließlich benennt »Himmel« die Weiten des Alls und »Erde« bestätigt die Existenz der *Materie*.

Wenn wir dies in einem anderen Licht betrachten, dann schließt dieser Vers alle anderen alternativen Philosophien über die Entstehung der Erde und die Bedeutung des Universums aus. In seinem Buch »Der Genesis-Bericht« weist Henry M. Morris darauf hin, dass dieser Satz am Anfang der Bibel folgende Konzepte abwehrt: 1. *Atheismus*, weil das Universum von Gott geschaffen wurde. 2. *Pantheismus*, weil Gott über seiner Schöpfung steht. 3. *Polytheismus*, weil nur ein Gott alles geschaffen hat. 4. *Materialismus*, denn die Materie hat einen Ursprung. 5. *Dualismus*, weil Gott allein war, als er schuf. 6. *Humanismus*, denn Gott, nicht der Mensch ist die absolute Realität. 7. *Evolution*, denn Gott hat alle Dinge geschaffen.[1]

Gott existierte schon vor diesem »Anfang«. Mit anderen Worten, es gab keine Zeit, zu der nichts existiert hätte. Zum biblischen Konzept der Schöpfung gehörte ein Plan, ein Gestalter, der seinen Entwurf mit einem Ziel geplant hat. Dieser Gestalter *existierte immer.*

Später in diesem Kapitel werden wir Gründe für den Glauben angeben, dass dieser Gestalter mit dem Gott der Bibel identisch ist. Wenn Sie nicht glauben, dass Gott alles, was besteht, geschaffen hat, dann müssen Sie entweder annehmen, dass es 1. einmal nichts gegeben hat oder 2. dass es keine Erklärung für die Existenz des Universums gibt, und dass das Leben, das wir um uns herum sehen, aus unpersönlichen, zufälligen Kräften entstanden ist.

Die erste dieser Alternativen wird heute kaum noch ernsthaft von jemandem geglaubt. Es ist undenkbar, dass etwas aus dem absoluten Nichts entstehen sollte. Aber die zweite Auffassung, dass das Universum, wie wir es kennen, sich durch Zufall aus einer vorher existenten Materie gebildet hat, hat heute weite Verbreitung gefunden.

Diese atheistische Sicht geht davon aus, dass Materie ewig und aus ihr alles entstanden ist. Wenn wir fragen, warum es denn überhaupt Materie gibt, dann lautet die Antwort, dass es für ihre Existenz keine rationale »Ursache« gibt. Die Materie war einfach immer da, und das Universum, wie wir es heute sehen, hat sich ohne Hilfe eines intelligenten und persönlichen Gottes gebildet. Zu einer Zeit, so heißt es, war alle Materie und alle Energie auf einem Punkt konzentriert, der kleiner ist als ein Atomkern! Dann gab es den großen »Urknall« und eine Kettenreaktion ließ das Universum entstehen.

Die wissenschaftliche Basis für die Urknall-Theorie geht auf das Jahr 1929 zurück, als der Astronom Edwin Powell Hubble bewies, dass sich das Universum ständig ausdehnt. Die Galaxien entfernen sich weiter von uns und voneinander. Nehmen wir an, man nähme einen Stift und zeichne einige Galaxien auf die Oberfläche eines Luftballons. Dann bläst man den Ballon auf und die »Galaxien« entfernen sich weiter und weiter von ihrem Ursprungspunkt und voneinander.

Diese Entdeckung eines sich ausdehnenden Universums führte die Wissenschaftler zu der Annahme, dass das Universum an einem einzelnen Punkt in Raum und Zeit seinen Anfang nahm. Der verstorbene Hohepriester der Naturwissenschaften Carl Sagan stellte die Urknalltheorie als Tatsache dar und lehrte, dass das gesamte Universum aus einer kosmischen Explosion vor 15 Milliarden Jahren entstanden ist. Alle Energie und alle Materie waren an diesem Knall beteiligt. Aus diesem zufälligen, unpersönlichen Anfang haben sich alle Lebensformen entwickelt, die heute existieren.

Diese Theorie, die auch in unseren Lehrbüchern erscheint, wird oft als Tatsache hingestellt. So schreibt etwa ein Jugendbuch über Astronomie, dass zu Beginn des Universums alle Materie auf einen Punkt konzentriert gewesen sei, der kleiner als ein Atomkern gewesen sei. Und dann ging es los. »Zu dem Zeitpunkt, als das Universum etwa eine Millionstel Sekunde alt war, war viel Energie in Protonen verwandelt worden (die Kerne von Wasserstoffatomen). In der nächsten Millisekunde bildeten sich Elektronen, und diese kollidierten mit den Protonen, um Neutronen zu bilden. Neutronen können nur etwa 1000 Sekunden als unabhängige Partikel existieren, deshalb waren die nächsten Minuten entscheidend!«[2]

Was geschah als nächstes? »In der ersten Viertelstunde reagierten die Protonen mit den Neutronen, die schnell zerfielen, um die Kerne von Heliumatomen zu bilden. In einem Wettlauf mit der Zeit kühlte sich das Universum immer mehr ab und dehnte sich aus. Es gelang dem Universum etwa ein viertel seiner Materie von Wasserstoff in Helium umzuwandeln, der restliche Wasserstoff bildete die Sterne.«[3]

Diese Schöpfung fand nicht aus dem Nichts statt, wie die Verfasser zugeben, aber, um ihre Worte zu verwenden »aus fast nichts.« Offensichtlich waren die ersten paar Sekunden entscheidend, weil die Zufallskräfte etwas viel weniger strukturiertes hätten schaffen können als unser Universum. Angesichts all der Möglichkeiten ist es allerdings ein Glücksfall gewesen, dass aus unpersönlichen Kräften Intelligenz und Gestalt geschaffen wurde. Der bekannte Physiker Stephen Hawking schieb: »Wenn die Ausdehnungsgeschwindigkeit eine Sekunde nach dem Urknall nur ein Hunderttausendmillionstel kleiner gewesen wäre, wäre das Universum in sich zusammengefallen, ehe es seinen gegenwärtigen Zustand erreicht hätte.«[4]

Atemberaubend!

Der Physiker Joel Primack, Professor der Universität von Californien in Santa Cruz, ist ebenfalls der Auffassung, dass sich die grundlegenden Naturkräfte vor 15 Milliarden Jahren aus einer einzigen Quelle wenige Sekunden nach dem Urknall getrennt haben. Diese Trennung hätte auf viele verschiedene Arten und Weisen stattfinden können, von denen nur wenige zu solchen Planeten wie der Erde geführt hätten.

Er sagt: »Der Mensch scheint im kosmischen Las Vegas den Jackpot gezogen zu haben. Damit wäre Raum für die Annahme, dass göttliche Vorsehung für unser Glück verantwortlich ist.«[5]

Wirklich, ein kosmischer Jackpot! Edward P. Tyron, Professor für Physik an der City University of New York, hat sogar behauptet, dass sich die Materie am Anfang selbst geschaffen habe. Er sagt: »Im Jahr 1973 habe ich aufgrund der bekannten Prinzipien der Physik die These aufgestellt, dass unser Universum spontan aus dem Nichts (ex nihilo) entstanden ist. Diese Vorstellung war in den Augen der Leute entweder grotesk oder bestechend oder aber beides.«[6] Bestechend, vielleicht, aber auch ganz bestimmt grotesk!

Viele Wissenschaftler sind der Urknalltheorie aus Furcht entgegengetreten, dass diese Theorie den Kreationisten in die Hände spielen könnte. Wie Sir Fred Hoyle, der die Vorstellung von Schöpfung ablehnt, es ausdrückte: »Die Urknalltheorie geht davon aus, dass das Universum an einer Stelle entstanden ist, und damit leistet sie der Vorstellung einer Schöpfung Vorschub.«[7] Oder, um Barry Parker zu zitieren: »Wenn wir die Urknalltheorie annehmen, wie es heute die meisten Kosmologen tun, dann sind wir gezwungen, eine Art ›Schöpfung‹ anzunehmen.«[8] George Smoot, ein überzeugter Atheist, gab zu: »Zweifellos gibt es Parallelen zwischen dem Urknall als Ereignis und der christlichen Vorstellung der Schöpfung aus dem Nichts.«[9]

Ja, es gibt Parallelen. Christen befinden sich nicht in der unglücklichen Situation, an etwas glauben zu müssen, das allen bekannten Naturgesetzen widerspricht, etwa dass Materie sich selbst erschaffen könnte, oder dass blinder Zufall sich in die komplexen Strukturen ordnen kann, die dem Leben zugrunde liegen. Die biblische Erklärung für die Existenz des Universums ist weitaus rationaler, glaubhafter und wissenschaftlicher.

Die christliche Theologie ist der Auffassung, dass es zwei »Bücher« gibt: Das Buch der schriftlichen Offenbarung Gottes und das Buch der Natur. Diese »Bücher« können einander nicht widersprechen. Die Naturwissenschaft – wenn sie denn richtig verstanden wird – ist die Wissenschaft von den Werken Gottes. Das Ziel dieses Kapitels ist es, die Harmonie aufzuzeigen, die zwischen der Wissenschaft und der Bibel besteht, die Harmonie zwischen den *Worten* und den *Werken* Gottes.

In der Schöpfung hat Gott sich gewissermaßen der Öffentlichkeit vorgestellt. »Die Himmel erzählen die Herrlichkeit Gottes und das Himmelsgewölbe verkündet seiner Hände Werk« (Ps 19,2). Die Wissenschaft ist nur ein weiterer Grund zu glauben, dass die Bibel das Wort Gottes ist. Wie wir sehen werden, erklärt der biblische Bericht der Erschaffung von Erde, Mond, Sonne und Sternen am besten die Beziehung zwischen diesen Himmelskörpern. Es ist nicht nur *schwer*, daran zu glauben, dass das Universum sich selbst erschaffen haben soll, es ist *unmöglich*. Auch können wir nicht glauben, dass eine Form ewiger Materie erklären könnte, was wir über uns selbst und das Universum wissen. Wie wir zeigen werden, wird unser Respekt vor der Bibel umso größer, je mehr Respekt wir der Wissenschaft entgegenbringen.

Später werden wir uns auch noch mit der Frage beschäftigen: Wenn uns das Universum auf einen Schöpfer verweist, warum sollten wir dann diese Schöpfung dem Gott der Bibel und nicht irgendeiner anderen Gottheit zuschreiben?

Wie Gott die Erde für den Menschen vorbereitet hat

Die Bibel lehrt, dass Gott eine Bühne geschaffen hat, um darauf ein Drama stattfinden zu lassen. Sie und ich gehören zu diesem Schauspiel. Die wissenschaftlichen Daten lehren uns schätzen, wie einzigartig unsere Wohnstätte ist. Wir sehen Intelligenz, Richtung und Weisheit am Werke.

Die Erde

»Im Anfang schuf Gott die Himmel und die Erde. Und die Erde war wüst und leer, und Finsternis war über der Tiefe, und der Geist Gottes schwebte über den Wassern« (1Mo

1,1-2). Die Erde ist nur ein Staubkorn in einem riesigen Universum, doch ist sie einzigartig für das Leben und insbesondere für das menschliche Leben geschaffen. Sie ist ein großer Ball mit Wasser, Fels und Erde als Oberfläche und von Luft umgeben.

Wenn wir Auto fahren, dann wissen wir, dass wir uns bewegen, weil die Objekte außerhalb des Autos an uns vorbeihuschen. Doch wenn wir auf der Erde stehen, merken wir unsere Bewegung nicht, weil alles, was uns umgibt, uns auf unserer schnellen Reise begleitet. Und was für eine Reise ist das!

Die Erde ist wie ein Fußball, der sich in einer Ellipse um die Sonne bewegt, sich aber auch noch um sich selbst dreht. Die Erde bewegt sich mit der enormen Geschwindigkeit von 30 Kilometern pro Sekunde um die Sonne, d. h. fast 120.000 Kilometer in jeder Stunde. Das macht ungefähr eine Milliarde Kilometer im Jahr, genauer gesagt in 365 Tagen, 6 Stunden und 9,54 Sekunden. (Wir benötigen alle 4 Jahre einen zusätzlichen Tag, um diesen Viertel Tag auszugleichen. Ohne diese Korrektur würden wir uns am 1. Januar nicht immer vor demselben Sternenhintergrund wiederfinden.) Diese Umdrehungen um die Sonne sind immer korrekt und weichen um keine Sekunde ab.

Die Achse der Erde (die gedachte Linie zwischen dem Nord- und dem Südpol) steht nicht senkrecht zu der Ellipse, die wir um die Sonne beschreiben, sondern um 23,5 Grad geneigt. Diese Neigung ist für die Jahreszeiten verantwortlich. Die nördliche Hälfte der Erde neigt sich im Sommer in Richtung auf die Sonne und im Winter von der Sonne weg, wodurch die vier Jahreszeiten entstehen.

Während wir mit 120.000 km in der Stunde durch das All rasen, dreht sich die Erde noch einmal mit einer Geschwindigkeit von ca. 1600 km am Äquator. Dabei dreht sie sich in vierundzwanzig Stunden einmal um ihre Achse. Durch diese

Drehung erscheint es uns, als ob die Sonne vom Osten zum Westen wandert. Diese Drehung lässt Tag und Nacht entstehen.

Wenn wir fragen, was Sonne, Mond und Erde in so einer vorhersagbaren Beziehung hält, dann sagen die Wissenschaftler, dass es sich um das Gesetz der Schwerkraft handelt. Ohne diese Kraft würden alle Himmelskörper chaotisch durch das All fliegen. Wenn wir jedoch einen Wissenschaftler fragen, was genau Schwerkraft ist, dann sagt er uns, dass sie das Ergebnis von Materie ist, die das Raum-Zeit-Kontinuum verzerrt. Das Magnetfeld der Erde kommt von elektrischen Strömen im Kern der Erde. Doch wir verstehen das Wesen der Schwerkraft und des Erdmagnetismus noch immer nicht vollständig. Uns erstaunt dabei die Tatsache, dass die Schwerkraft sowohl im Himmel als auch auf der Erde vorhersagbar wirkt. Nach unseren Erkenntnissen wirkt diese Kraft im ganzen Universum gleichermaßen.

Die Erde ist etwas besonderes, weil sie alle Bedingungen erfüllt, die für Leben notwendig sind. Z. B. kommen auf ihr Wasser, Kohlenstoff sowie siebzehn andere chemische Elemente vor, die als Bausteine für einfache Bakterien benötigt werden. Und für höhere Lebewesen, z. B. den Menschen, brauchen wir noch 9 weitere Elemente! Diese Elemente müssen sich in einer wässrigen Umgebung auf dem Planeten befinden.[10]

Christen haben schon immer gesagt, dass es nicht mit den Aussagen der Bibel in Konflikt stehen würde, wenn auf anderen Planeten Leben gefunden würde. Sollte Gott woanders Leben oder vielleicht sogar eine Zivilisation schaffen, so ist das schließlich sein Vorrecht. Doch viele von uns vermuten, dass unser Planet der einzige Ort gewesen sein könnte, auf dem Gott Leben geschaffen hat. Die Erde ist die Bühne, die er für sein Drama gewählt hat.

Einige Wissenschaftler sind so darauf aus zu glauben,

dass es Leben auf anderen Planeten gibt, dass sie bereit sind, fast jeden Beweis dafür anzunehmen, ganz gleich wie haltlos er auch sein mag. Ein Felsstück, das man in der Antarktis gefunden hat, wurde als Beweis herangezogen, dass sich auch woanders Leben entwickelt haben könnte. Warum dieser voreilige Schluss? Denken Sie daran: Materialisten, die der Evolutionstheorie anhängen, sind sehr daran interessiert, Beweise zu finden, dass der Zufall auch anderswo gewirkt hat. Sie behaupten, dass Leben auf anderen Planeten beweisen würde, dass die Materie sich über die uns bekannten Maße selbst organisieren und entwickeln kann. Seit dieser Zeit sind viele Artikel in wissenschaftlichen Zeitungen erschienen, die der Vorstellung widersprechen, dass ein Stein, den man in der Antarktis gefunden hat, ein Hinweis auf Leben auf anderen Planeten sein könnte.

Die Aussicht, auf fremden Planeten Leben zu finden, ist höchst unwahrscheinlich. Ein der Sonne ähnlicher Stern ist notwendig, um Leben zu erhalten, doch gibt es solche Sterne gar nicht so häufig. Nur etwa 4 Prozent der Sterne der Milchstraße ähneln der Sonne und nur 0,2 Prozent (sogenannte G-2-Sterne) sind ihr gleich. Die meisten Sterne kommen als Sonnen nicht in Frage, weil sie zu wenig schwere Elemente enthalten, nicht die nötige Strahlung abgeben oder nicht regelmäßig genug leuchten.[11]

Fügen Sie noch die notwendigen Bedingungen hinzu, die auf dem betroffenen Planeten selbst herrschen müssen, dann geht die Wahrscheinlichkeit für Leben außerhalb der Erde praktisch auf null zurück. Selbst die Größe der Erde ist von Bedeutung. Die Wissenschaftler sagen uns, dass es kein Leben ähnlich dem unseren auf der Erde geben könnte, wenn der Planet nur um 10% größer wäre als die Erde.

Nicht jeder Planet ist geeignet, auch nicht jeder Stern. Auch nicht jeder Mond ist geeignet, und auch nicht jede Anordnung derselben.

Der Mond

> Und Gott sprach: Es sollen Lichter an der Wölbung des Himmels werden, um zu scheiden zwischen Tag und Nacht, und sie sollen dienen als Zeichen und zur Bestimmung von Zeiten und Tagen und Jahren; und sie sollen als Lichter an der Wölbung des Himmels dienen, um auf die Erde zu leuchten! Und es geschah so. Und Gott machte die beiden großen Lichter: Das größere Licht zur Beherrschung des Tages und das kleinere Licht zur Beherrschung der Nacht, und die Sterne. (1Mo 1,14-16)

Der Mond wandert in 29,5 Tagen einmal um die Erde und ist der einzige natürliche Satellit und ständige Begleiter der Erde. Er folgt der Erde auf ihrer jährlichen Reise um die Sonne. Sein Durchmesser beträgt nur etwa ein Viertel von dem der Erde. Wäre der Mond direkt neben der Erde, so hätte man etwa das Verhältnis zwischen einem Tennis- zu einem Basketball.

Zwei Kräfte bestimmen die Entfernung von Mond und Erde. Die Gravitation versucht, Erde und Mond zueinander zu ziehen, doch gleichzeitig versuchen die Fliehkräfte ihrer Bahnen, den Mond weiter von der Erde weg ins All zu ziehen.

Ein Beispiel wird helfen, dies zu verstehen. Wir haben sicher alle schon einmal eine Schnur an einen Ball gebunden und den Ball dann an der Schnur kreisen lassen. Die Fliehkraft sorgt dafür, dass der Ball nach außen an der Schnur zieht. Doch die Schnur (wie die Schwerkraft) hält den Ball davon ab, wegzufliegen.[12] Weil Schwerkraft und Fliehkraft nie ganz ausgeglichen sind, ändert sich die Entfernung des Mondes und seine Geschwindigkeit. Und doch umläuft er die Erde in exakt 29,5 Tagen und hat es schon immer so gemacht, seit Wissenschaftler in der Lage sind, seine Bewegungen aufzuzeichnen.

Die Schwerkraft des Mondes beeinflusst die Erde. Das Wasser, das sich dem Mond am nächsten befindet, bildet eine Flutwelle. Wenn der Mond auf der anderen Seite der Erde steht, dann zieht er die Erde vom Wasser weg. Als Ergebnis bilden sich in Meeren und Ozeanen zwei »Wasserberge«, die wir »Hochwasser« nennen. Die so gebildeten Gezeiten sind notwendig, denn ohne den Mond wäre die Schräglage der Erdachse weitaus weniger stabil. Durch die Anziehungskraft des Mondes wird sie auf etwa 23 1/2 Grad gehalten. Ohne diesen Winkel wären die Temperaturunterschiede auf der Erdoberfläche wesentlich größer.

Haben Sie Gott in letzter Zeit für den Planeten Jupiter gedankt? Der Jupiter hält Kometen davon ab, auf die Erde zu fallen. Seine große Anziehungskraft lenkt die Bahn vieler dieser Eiskörper so ab, dass sie nicht ins innere Sonnensystem gelangen. Ohne den Jupiter wäre die Einschlagrate von Kometen auf der Erde etwa 1000fach höher!

Die Sonne

Die Sonne ist unser nächster Stern. Unsere Erde passt etwa 1 Million mal in die Sonne hinein. Doch weil die Sonne vierhundert mal so weit entfernt ist wie der Mond, erscheinen Sonne und Mond wie durch einen »Unfall der Natur«, wie es ein Wissenschaftler ausgedrückt hat, fast gleich groß am Himmel.

Das Sonnenlicht stammt aus einer Lage der Sonnenatmosphäre, die etwa 400 km dick ist. Diese Energie war ursprünglich tief in der Sonne verborgen, ist aber nun an die Oberfläche gelangt. Die Temperatur der Sonnenoberfläche beträgt etwa 5700 °C. Wäre die Sonne näher an der Erde, würden wir vor Hitze sterben, wären wir weiter weg, würden wir erfrieren. Wenn sie nicht genau die richtige Energiemenge abgeben würde, würden alle Lebenszyklen durcheinandergeraten. Wir leben durch die empfindliche Balance der Entfernungen der Planeten unseres Sonnensystems und insbesondere unserer Entfernung zur Sonne.

Die Sonne rotiert nicht wie die Erde, die ein fester Körper ist. Weil es sich um eine Gaskugel handelt, rotieren verschiedene Teile unterschiedlich schnell. Am Äquator beträgt die Rotation etwa 25 Tage, näher an den Polen 35 Tage. Diese Unterschiede in der Rotation halten das Magnetfeld der Sonne intakt, das die Sonnenaktivität verstärkt.

Was wäre, wenn die Sonne ihr Licht ungleichmäßig abgeben würde? Das passiert, wenn es so etwas wie »Sonnenexplosionen« gibt und die Sonne größere Energieströme aussendet. Im Jahr 1987 hat eine solche Explosion viele Kraftwerke und Umspannwerke in den USA beschädigt. Wenn dieser hochenergetische Partikelstrom länger bestünde, würden auch Menschen gefährdet.[13]

Wir können froh sein, dass solche Unterschiede in der Lichtausstrahlung der Sonne im Verhältnis zu Tausenden von anderen Sternen nur sehr gering sind. Über lange Zeiträume hinweg (etwa ein Jahr lang) werden solche Sterne zu blass, als dass man sie sehen könnte, um dann langsam wieder zu erscheinen. Wenn die Sonne so unregelmäßig Licht abgeben würde, würde das Leben auf der Erde schnell erlöschen. Stellen Sie sich vor, Sie würden jeden Morgen aufwachen und entdecken, dass das Sonnenlicht immer weniger würde. Selbst wenn es nach einigen Monaten wieder heller würde, wäre es schon zu spät.

Wie das *Oxford Jugendbuch der Astronomie* schreibt: »Die Sonne, der Mond und die Erde führen geradezu eine Art Tanz im Raum auf. Manchmal sind sie alle drei auf einer Linie angeordnet. Dann beginnt das Versteckspiel, und vielleicht hast du die Gelegenheit, eine Mond- oder Sonnenfinsternis zu beobachten.«[14] Und doch unterliegt dieser »Tanz« nie dem Zufall. Die Beziehung zwischen Erde,

Sonne, Mond und Sternen ist so zuverlässig vorhersagbar, dass man eine Sonnenfinsternis schon Jahrhunderte im Voraus berechnen kann.

Die Sonne selbst hat eine Familie von neun Hauptplaneten, dazu kommen viele kleinere Himmelskörper wie Asteroiden und Kometen. Die Schwerkraft hält die Familie zusammen und jeder Planet bewegt sich auf einer elliptischen Bahn um die Sonne. Professor Robert Jastrow hat gesagt, dass die kleinste Veränderung einer der Naturkräfte in diesem Beziehungsgeflecht, eine Änderung der Eigenschaft der Elementarteilchen, zu einem Universum geführt hätte, in dem es kein Leben und keinen Menschen gegeben hätte.[15] *Die vollkommenen, geplanten Gesetze weisen auf eine vollkommene, planende Super-Intelligenz hin.*

»Du, Herr, bist es, du allein. Du, du hast die Himmel gemacht, die Himmel der Himmel und all ihr Heer, die Erde und alles, was darauf ist, die Meere und alles, was in ihnen ist. Und du machst dies alles lebendig, und das Heer des Himmels wirft sich vor dir nieder« (Neh 9,6).

Die Sterne

Die Sterne, die man um Mitternacht im Januar sehen kann, sind ganz andere, als die man um Mitternacht im Juli sehen kann. Jede Nacht gibt es kleine, aber bemerkbare Unterschiede. Der Sternenhimmel sieht wie eine entfernte Szenerie aus, welche die Erde und das gesamte Sonnensystem umfängt. Wenn wir ins Weltall hinaus reisen könnten, würden wir in jeder Richtung Sterne vor dem schwarzen Himmel sehen. Astronauten können über und unter sich Sterne sehen, denn in alle Richtungen gibt es Sterne.

Jeder, der den Sternenhimmel betrachtet, fängt schon bald an, die helleren Sterne in Gedanken zu Mustern zu ordnen – Dreiecke, Kreuze, Bogen. Diese Muster haben die

Phantasie der Menschen schon immer angeregt, und so haben unsere Vorfahren, die den Himmel kartografiert haben, die Himmelskörper zu Sternbildern geordnet.

Die Größe der Sterne und ihre Entfernungen übersteigen unser Vorstellungsvermögen. Wir haben gelernt, dass unsere Sonne ein Stern ist, doch sie ist nahe an der Erde, nur etwa 100 Millionen km entfernt. Der danach nächste Stern ist 250.000 mal so weit entfernt! Wenn wir in einem Raumschiff mit Lichtgeschwindigkeit fliegen könnten, bräuchten wir 8 Minuten bis zur Sonne und vier Jahre, um den nächsten Stern zu erreichen. Und dabei würden wir rund 300.000 km in der Sekunde zurücklegen!

Oder denken wir uns das Ganze etwas anders. Nehmen Sie ein Stück Papier und zeichnen Sie die Sonne in der Größe eines Golfballes oben auf das Papier. Dann zeichnen Sie einen kleinen Punkt für die Erde auf das untere Ende des Blattes. Wenn Sie den der Sonne nächsten Stern einzeichnen wollten, dann müsste dieser Kreis 64 km entfernt sein!

Wenn wir in unserem Raumschiff mit Lichtgeschwindigkeit weiterfliegen würden, dann könnten wir das hundert, tausend oder hunderttausend Jahre lang tun, ja sogar 1 Million, und Millionen über Millionen Jahre. Nach etwa 20 Milliarden Jahren würden wir uns am Rande des Universums bewegen. Was dann kommt, kann man nicht mit Sicherheit sagen, denn wir wissen nicht, wie groß das Universum wirklich ist. Doch wir müssen bedenken, dass das Licht von den entferntesten Teilen des Universums diese Reise vor langer Zeit angetreten hat und erst jetzt ankommt. Das Licht anderer Sterne ist noch unterwegs, es ist noch nicht bei uns angekommen.

Gott hat Abraham gesagt, dass er, wenn er die Sterne zählen könne, auch die Zahl seiner Nachkommen angeben könne. Gott wollte damit nicht unbedingt sagen, dass Abraham genausoviele Nachkommen haben werde, wie es

Sterne gibt, sondern wollte andeuten, dass beide unzählbar sind.

Wir können die Anzahl der Sterne nicht erfassen, doch wir können es versuchen. Unsere eigene Milchstraße, die Galaxie, zu der unsere Sonne gehört, besteht aus etwa hundert Milliarden Sternen. Ihr Durchmesser beträgt etwa 100.000 Lichtjahre, klein im Verhältnis zu anderen Galaxien. Unsere Galaxie hat Satelliten-Galaxien, und es gibt andere Ansammlungen von Galaxien von unterschiedlicher Form und Größe. Man schätzt, dass es etwa 10 Millionen Galaxien gibt, wovon jede einzelne aus mehreren hundert Millionen Sternen besteht. Ja, es heißt, dass es mehr Sterne als Sandkörner an den Ufern der Meere unserer Erde gibt. Doch Gott kennt jeden Stern mit Namen (Ps 147,4).

Wir stehen nun vor einer Entscheidung: Glauben wir, dass das Universum aus »fast nichts« entstanden ist und dass wir den »kosmischen Jackpot« geknackt haben, oder glauben wird, dass Gott gesprochen hat und das Universum mit seiner Ordnung, seinem Plan und seiner Voraussagbarkeit geschaffen hat? Der Physiker Freeman Dyson von der Princeton Universität sagt, dass er, je mehr er das Universum und die Einzelheiten seiner Architektur untersucht, desto mehr Beweise dafür findet, dass »das Universum in gewissem Sinne gewusst haben muss, dass wir kommen würden.«[16]

Es ist schwierig zu glauben, dass ein unpersönliches Universum selbst gewusst haben könnte, dass wir kommen, aber *Jemand wusste es ganz gewiss*!

Wer ist der Schöpfer?

Was für ein Gott käme dafür in Frage, die Ursache all dessen zu sein, was wir über das Universum wissen? Erstens müsste dieser Gott ehrfurchtgebietende *Macht* besitzen. Unser Universum ist eine Wirkung, der eine sehr große Ursache zugrunde liegen muss. Weil die Ursache größer sein muss als die Wirkung, muss Gott überragende Kräfte besitzen.

Zweitens muss dieser Gott eine *Person* mit Intelligenz und Willen sein. Die pantheistischen Götter des Ostens sind häufig unpersönlich, dem Guten und Bösen gleichgültig, sie planen und beurteilen nicht, sie haben Macht, aber sind nicht der persönliche Schöpfer. Deshalb haben wir keine Erklärung für die Personhaftigkeit Gottes, wenn wir die Vorstellungen des Ostens annehmen.

Im Gegensatz dazu schuf der Gott der Bibel den Menschen als sein Ebenbild, d. h., dass er Gott ähnlich ist. Wir sind unabhängig von Gott, doch besitzen wir Intelligenz, einen Willen und Gefühle. Im Gegensatz dazu sagt die evolutionistische Sicht, dass sogar die Gedanken nur die Interaktion von physikalischen und chemischen Vorgängen sind, die letztlich auf Zufallsprinzipien beruhen. Unglaublich, die Evolutionisten sind der Ansicht, dass Materie denken kann! Es ist viel wissenschaftlicher zu glauben, dass eine intelligente Person notwendig ist, um intelligente Persönlichkeiten zu erschaffen.

Drittens muss der Gott, der das Universum erschaffen hat, *außerhalb der Zeit stehen*. Für uns Menschen ermisst sich die Zeit an der Bewegung der Himmelskörper. Die Bibel lehrt, dass bevor die Materie existierte, ehe irgendetwas bestand, das den Urknall hätte verursachen können, der Schöpfer schon existiert hat. Gott erklärt, dass er ohne Anfang und ohne Ende ist: »Ich BIN« (2Mo 3,14). Ja, Mose schrieb, dass ehe Gott die Welt geschaffen hat, er »von Ewigkeit zu Ewigkeit« ist (Ps 90,2).

Dieser Gott ist jedoch nicht einfach nur der Schöpfer, der bestimmte Gesetze der Gravitation geschaffen und dann seine Schöpfung sich selbst überlassen hat. Das Universum, einschließlich der Erde und alles, was darauf lebt, hängt ständig von der Gnade Jesu ab, »der alle Dinge durch das Wort seiner Macht trägt« (Hebr 1,3). Die Wissenschaftler sagen uns, dass das Universum in einen kleinen Materieball zusammenstürzt, wenn die Schwerkraft nicht ständig dafür sorgen würde, dass die Elektronen in Bewegung blieben. Jeden Augenblick erhält Gott das Universum.

Schließlich hat ein Gott, der alles erschaffen hat, auch das Recht, *seine Schöpfung abrupt aufzulösen*, wann immer es ihm gefällt. Wenn er nicht nur Macht hat, sondern auch moralisch handelt, dann kann er, wenn es ihm gefällt, die Geschöpfe richten, die nach seinem Bild geschaffen worden sind. Auch hier passt der Gott der Christen am besten auf die Beschreibung.

»Die jetzigen Himmel und die jetzige Erde aber sind durch dasselbe Wort aufbewahrt und für das Feuer aufgehoben zum Tag des Gerichts und des Verderbens der gottlosen Menschen« (2Petr 3,7). Die biblische Lehre lautet, dass Gott Himmel und Erde erschaffen hat, und dasselbe Wort, das geschaffen hat, wird auch richten. Gott spricht und tut was er will. Ja, Gott »wusste, dass wir kommen«.

Bekenntnisse von Naturwissenschaftlern

Hellere Köpfe als wir haben schon über die überwältigende Größe des Universums und seinen komplizierten Aufbau nachgedacht. Viele davon sind zu der Schlussfolgerung gekommen, dass das Universum den Grund für sein Dasein nicht in sich selbst trägt. Hören wir auf die Worte derer, welche die Wunder der Schöpfung untersucht und verstanden haben.

- *Albert Einstein.* »Der Wissenschaftler wird von der Überzeugung ergriffen, dass es eine universale Ursache gibt. ... Seine religiösen Gefühle nehmen die Form begeisterten Erstaunens an, wenn er die Harmonie der Naturgesetze sieht, die eine Intelligenz von solcher Überlegenheit enthüllt, dass verglichen damit alles systematische Denken und Handeln von Menschen nur eine ausgesprochen unbedeutende Widerspiegelung davon ist.«

- *Sir Fred Hoyle, Astrophysiker.* »Wenn wir die Fakten mit unserem gesunden Menschenverstand interpretieren, dann erkennen wir, dass ein Über-Intellekt mit der Physik, der Biologie und der Chemie herumgespielt hat, und dass es in der Natur keine nennenswerten ›blinden Kräfte‹ gibt. Die Zahlen, die wir aus den Fakten berechnen, scheinen mir so überwältigend, dass wir meiner Meinung nach diese Schlussfolgerung kaum noch hinterfragen müssen.«

- *Robert Jastrow, Astronom.* »Für den Wissenschaftler, der von seinem Glauben an die Macht der Vernunft gelebt hat, endet die Geschichte wie in einem Albtraum. Er hat die Berge des Unwissens erklettert, er ist dabei, die höchste Spitze zu erobern, doch als er sich über den letzten Felsübersprung zieht, *begrüßt ihn eine Horde Theologen, die dort schon seit Jahrhunderten sitzen.*« (Hervorhebung vom Autor).[17]

Schließlich zitieren wir noch Carl Sagan, einen erklärten Atheisten. Er gibt zu: »Es ist leicht einzusehen, dass die Naturgesetze, die sich mit Galaxien und Sternen, mit Planeten, Leben und Intelligenz in Einklang bringen lassen, nicht beliebig sind.«[18] Ja, und die logische Schlussfolgerung daraus lautet, dass diese so in höchstem Maße geordneten Gesetze nur von einer in ebenso hohem Maße geordneten Super-Intelligenz geschaffen werden konnten.

Die Bibel lässt sich durchaus mit der Relativitätstheorie

in Einklang bringen. »Beim Herrn ist ein Tag wie tausend Jahre und tausend Jahre wie ein Tag« (2Petr 3,8). Sie stimmt auch mit dem ersten Gesetz der Thermodynamik überein, dass die Masse der Materie im Weltall konstant bleibt: »Und Gott vollendete am siebten Tag sein Werk, das er gemacht hatte; und ruhte am siebten Tag von all seinem Werk, das er gemacht hatte« (1Mo 2,2) Schließlich bestätigt die Bibel auch das zweite Gesetz der Thermodynamik, dass das Universum sich auf einen Zustand minderer Ordnung zubewegt. Es »nutzt sich ab«. Der Verfasser des Hebräerbriefes sagt, dass der Herr die Himmel und die Erde schuf, doch »sie werden veralten wie ein Kleid, und wie einen Mantel wirst du sie zusammenrollen« (Hebr 1,11-12).[19]

Nur in der Bibel stimmt die Kosmologie. Nur ein ewiger, allmächtiger Gott konnte dieses Universum erschaffen und es auch erhalten. Nur ein persönlicher Gott ist eine Erklärung für personhafte Wesen. »Denn in ihm ist alles in den Himmeln und auf der Erde geschaffen worden, das Sichtbare und das Unsichtbare, es seien Throne oder Herrschaften oder Gewalten oder Mächte: Alles ist durch ihn und für ihn geschaffen und er ist vor allem, und alles besteht durch ihn« (Kol 1,16-17).

Gott »in Höchstform«

Vielleicht haben Sie von der Predigt des kalifornischen Pastors E. V. Hill gehört, die den Titel trug: »Wann war Gott in Höchstform?« Theologen würden natürlich sagen, dass er *immer* in Höchstform ist, denn er tut alles immer völlig richtig und zielgerichtet. Doch Hill wollte mit seiner Formulierung etwas ganz anderes sagen: Wann *sehen* wir Gott in Höchstform? Nicht bei der Erschaffung der Welt, so beeindruckend sie ist.

Für uns war Gott in Höchstform, als er uns mit sich selbst versöhnt und in uns ein Schöpfungswunder getan hat. »Daher, wenn jemand in Christus ist, so ist er eine neue Schöpfung; das Alte ist vergangen, siehe Neues ist geworden« (2Kor 5,17). Sowohl die materielle wie auch die geistliche Schöpfung sind Wunder desselben Herrn. In der Schrift gehören Schöpfung und Erlösung zusammen, sie sind gemeinsam das Werk Gottes.

Zunächst einmal geschahen beide Schöpfungen aus dem Nichts, d. h. ohne dass vorher ein Stoff existiert hätte, aus dem geschaffen werden konnte. »Denn Gott, der gesagt hat: Aus Finsternis soll Licht leuchten! er ist es, der in unseren Herzen aufgeleuchtet ist zum Lichtglanz der Erkenntnis der Herrlichkeit Gottes im Angesicht Jesu Christi« (2Kor 4,6). Das neue Wesen des Gläubigen entsteht durch Gottes Schöpferkraft. Als wir bei der Bekehrung wieder-erschaffen wurden, kam etwas in unser Leben, das vorher nicht existierte. Gott spricht, und Menschen, die glauben, erhalten eine neue Natur.

Zweitens finden beide Schöpfungen ohne menschliche Hilfe statt. Offensichtlich gab es niemanden, der Gott hätte helfen können, als die Welt erschaffen wurde, und obwohl wir selbst anwesend waren, als Gott die neue Natur in uns erschuf, war es doch ganz allein sein Handeln. Ja, natürlich müssen wir an Jesus glauben, um errettet zu werden, doch selbst dieser Glaube, den wir haben, ist ein Geschenk von Gott. Und das Wunder der Wiedergeburt (d. h. dass wir das Leben Gottes erhalten haben) ist ganz sein Werk an unserem Herzen.

Deshalb halten Christen an der Vorstellung fest, dass der Tod Christi ein noch größerer Beweis der Macht Gottes war als die Erschaffung des Universums. Eigenschaften Gottes, die uns vorher verborgen waren, sind hier deutlich sichtbar geworden. Die Natur berichtet uns von Gottes

Macht und Intelligenz, doch sagt sie uns nichts über seine Barmherzigkeit, Gnade und Liebe. Mit dem Tod Christi hat Gott bewiesen, dass er gerecht bleiben konnte und doch alle gerecht machen konnte, die an Jesus glauben. Hier treffen Macht, Gnade und Herrlichkeit zusammen, um seine wunderbare Güte zu zeigen.

Der sogenannte Konflikt zwischen Wissenschaft (der materiellen Schöpfung) und Religion (der geistlichen Wieder-Schöpfung) existiert letztlich nicht. Es ist für die Bibel unmöglich, der Wissenschaft zu widersprechen, weil Gott ja beide geschaffen hat. Wenn wir aufgefordert werden, den generationenlangen Konflikt zu erklären, dann ist die Antwort folgende: *Erstens* haben diejenigen, die an die Bibel glauben, oft Erklärungen gebracht, die nicht auf sorgfältigen Studien des Textes basieren. Es ist unnötig zu sagen, dass die Erde nicht 4004 v. Chr. erschaffen wurde, wie uns die Anmerkungen einer Studienbibel nahelegen wollen. Viele von uns glauben an eine »junge Erde«, doch weil die Bibel uns nicht sagt, wann Gott den Himmel und die Erde erschaffen hat, müssen wir die Menschen respektieren, die glauben, dass die Erde viel älter ist, als einige Kreationisten annehmen.

Zweitens sind einige Theologen ins andere Extrem verfallen und versuchen, Konzessionen an die Evolutionstheorie zu machen, die sowohl unnötig als auch nach Meinung vieler, unwissenschaftlich sind. Es gibt so viele Mischtheorien, die man allgemein als »Theistische Evolution« umschreiben kann. Sicherlich bleibt uns genug Raum für eine Debatte an dieser Stelle, doch die Evolution, wie sie im Allgemeinen gelehrt wird, steht in direktem Gegensatz zum Christentum. Sicherlich gibt es Formen der Evolution innerhalb der Arten, doch der Darwinismus ist so antiwissenschaftlich, dass es unnötig ist zu versuchen, ihn mit der Bibel zu harmonisieren.

Drittens ist der Konflikt deshalb ausgeartet, weil so viele Wissenschaftler darauf bedacht sind, eine von Gott unabhängige Erklärung für die Entstehung der Welt und des Lebens zu finden. Wenn wir als Vorbedingung annehmen, dass Gott keine Rolle in der Schöpfung gespielt hat – oder es *gar nicht konnte* – dann ist das Ergebnis aller wissenschaftlichen Studien vorhersagbar. Wie der Evolutionist D. M. S. Watson ehrlich zugegeben hat, ist die Evolution »eine Theorie, die nicht etwa deshalb überall anerkannt wird, weil ihre Wahrheit durch logische, kohärente Ergebnisse bewiesen werden könnte, sondern weil die einzige Alternative, nämlich eine Schöpfung, eindeutig nicht zu glauben ist.«[20]

David war der Meinung, dass der Himmel ihn zu Gott führt und nicht von ihm weg. Und obwohl er Jahrhunderte vor dem Aufkommen der modernen Naturwissenschaften lebte, sollten wir uns einige Zeilen aus seinem Buch in Psalm 8,3-5.10 zu Herzen nehmen:

> Wenn ich anschaue deine Himmel, deiner Finger Werk
> den Mond und die Sterne, die du bereitet hast:
> Was ist der Mensch, dass du sein gedenkst,
> und des Menschen Sohn, dass du dich um ihn kümmerst?
> Herr, unser Herr, wie herrlich ist dein Name auf der ganzen Erde!

DENKANSTOß

Das Ende der Evolutionstheorie

Heute wird die Evolutionstheorie zunehmend von Wissenschaftlern und Philosophen in Frage gestellt. Was einmal als geheiligtes Dogma galt, wird heute untersucht, ohne dabei auf die Halbwahrheiten und die glänzende Außenfassade zu sehen, die man aufgebaut hat, um die Theorie zu stützen.

Die Evolutionstheorie hat sich seit Darwin nicht nur gewandelt, sondern ist in Auflösung begriffen.

Viele Wissenschaftler geben heute zu, dass die Evolution gegen bekannte Naturgesetze verstößt und deshalb nicht auf echter Wissenschaft, sondern auf einer naturalistischen Philosophie basiert, einem Glauben, den Carl Sagan deutlich zeigte, als er sagte: »Der Kosmos ist alles, was jemals war oder sein wird.« Die Evolution ist, wenn überhaupt, antiwissenschaftlich.

Sind Sie je frustriert gewesen, weil es ihnen klar ist, dass Evolution unmöglich ist, und Sie sich fragen, warum die Menschen an dieser Theorie dennoch mit religiösem Eifer festhalten? Sie wundern sich, dass es wirklich einige Wissenschaftler gibt, die glauben, dass nichts mal niemand alles ergibt? Man wundert sich wirklich, wie sie glauben können, dass sich unpersönliche Materie jemals von selbst so hoch organisieren konnte und Intelligenz und planmäßiges Handeln hervorbringen konnte. Und doch, selbst angesichts der überwältigenden Beweise für das Gegenteil halten die Evolutionisten starr an ihrer Ansicht fest.

Ich war der Meinung, dass Evolutionisten, wenn man ihnen die Unmöglichkeit der Evolutionstheorie klarmachen würde, aufgeben und zugeben würden, dass diese Theorie nicht nur unwahrscheinlich, sondern sogar unmöglich ist. Einige haben natürlich ihre Meinung geändert, andere dagegen wollen ihre Theorie nicht aufgeben, ganz gleich wie sehr man ihnen aufzeigen kann, dass sie unwissenschaftlich ist.

Phillip Johnson hat uns allen geholfen zu verstehen, warum noch immer Menschen an die Evolution glauben, ganz gleich, wie viele Beweise gegen sie gebracht werden. In seinem hilfreichen Buch »Darwin auf der Anklagebank«[21] zeigt er, dass Evolutionisten in erster Linie einer materialistischen Sicht des Universums verpflichtet sind und erst in zweiter Linie der wissenschaftlichen Genauigkeit. Mit anderen Worten, Sie sehen es als ihre Pflicht an, Menschen dazu zu bringen, den richtigen Startpunkt einzunehmen, nämlich, alle übernatürlichen Ursprungserklärungen abzulehnen und die Ergebnisse der »evolutionistischen Wissenschaft« anzunehmen. Wer einmal an diesem Punkt angelangt ist, glaubt an die Evolution, auch wenn gezeigt werden kann, dass sie der Wissenschaft widerspricht, die sie doch unterstützen sollte. Kein Wunder, dass Lewis Bounoure, der Direktor für naturwissenschaftliche Forschung in Frankreich zitiert wird, der sagt: »Evolution ist ein Märchen für Erwachsene.«[22]

Um zu zeigen, wie in den Köpfen der Evolutionisten die Verpflichtung auf den Materialismus die Verpflichtung gegenüber der Wissenschaft beiseite schiebt, zitiert Philip Johnson den Evolutionisten Lewontin, der erklärt, warum wir von vornherein den Kreationismus ablehnen sollten. Lewontin schreibt:

> Wir schlagen uns auf die Seite der Wissenschaft, auch wenn wir überzeugt sind, dass einige ihrer Konstruktionen absurd sind, dass sie viele ihrer außergewöhnlichen Versprechungen nicht gehalten hat, trotz der Tatsache, dass die wissenschaftliche Gemeinschaft viele unsichere Geschichten geduldet hat, weil wir eine größere Verpflichtung haben, nämlich die Verpflichtung dem Materialismus gegenüber. Es ist nicht so sehr, dass die Methoden und Einrichtungen der Wissenschaft uns auf irgendeine Weise zwingen würden, eine materielle Erklärung der für uns zugänglichen Welt anzunehmen, sondern im Gegenteil sind wir gezwungen durch unsere a priori Annahme, dass alles nur materielle Ursachen haben kann, einen Apparat von Untersuchungen und ein System von Konzepten aufzubauen, um materialistische Erklärungen hervorzubringen, ganz gleich wie unintui-

> tiv, ganz gleich wie geheimnisvoll für den Uneingeweihten. Weiter dass der Materialismus ein Absolutum darstellt, denn wir können einen göttlichen Fuß in der Tür nicht dulden. Der bekannte Kant-Kenner Lewis Beck sagte immer, dass, wer an Gott glaubt, an alles glauben könne. Wenn wir uns an eine allmächtige Gottheit wenden, dann erlauben wir, dass die Regeln der Naturwissenschaft jederzeit durchkreuzt werden können, und dass es Wunder gibt.[23]

Da sehen wir's: *Wenn die Wissenschaft die Evolution nicht unterstützt, dann zur Hölle mit der Wissenschaft!* Nur diese engstirnige Verpflichtung dem Materialismus gegenüber kann erklären, warum einige Evolutionisten von ihrer Theorie nicht lassen können, ganz gleich, welche Gegenargumente gebracht werden. Ganz gleich, wie absurd, ganz gleich wie grotesk, selbst, wenn es sich um ein Märchen für Erwachsene handelt, man muss dieser Theorie immer noch glauben. Die Alternative Kreationismus ist inakzeptabel. Kurz gesagt, man muss an die Evolution glauben, auch wenn sie falsch ist!

Es gibt für die Evolutionstheorie drei Lücken, die sie nie hat füllen können: 1. Die Lücke zwischen dem Nichts und der Materie, 2. Die Lücke zwischen Materie und Leben und 3. Die Lücke zwischen Mensch und niedrigeren Lebensformen. Um diese Lücken zu schließen, müssen Evolutionisten unwissenschaftliche Theorien entwickeln.

Die Lücke zwischen dem Nichts und der Materie

Als erstes müssen die Evolutionisten eine grundlegende wissenschaftliche Aussage missachten, nämlich, das *aus nichts nichts entstehen kann.* Die meisten Evolutionisten glauben, dass die Materie immer existiert hat, denn zu glauben, dass sie aus dem Nichts entstanden ist, widerspricht sowohl der Logik als auch der Beobachtung. Doch wenn die Materie ewig ist, wie behauptet wird, dann haben wir keinen Grund anzunehmen, dass sie sich selbst in komplexe Formen organisiert haben könnte, die weit über ihre Eigenschaften hinaus gehen. Wir müssen demütig zugeben, dass dem Universum eine Zweckgerichtetheit und Kraft innewohnt, die nicht aus sich selbst erklärbar ist.

Die Lücke zwischen Materie und Leben

Die Evolution muss weiter das zweite Grundgesetz der Thermodynamik leugnen, nämlich, dass die Menge der verfügbaren Energie abnimmt, und dass die Natur, wenn sie sich selbst überlassen bleibt, auf Zufälligkeit und Unorganisiertheit zustrebt. Ein Evolutionist muss glauben, dass nichtlebende Atome sich langsam in komplexe, energiereiche Formen verwandelt haben. Solch eine Eigenschaft der Materie ist aber in der Natur nie beobachtet worden und widerspricht dem Gesetz von Ursache und Wirkung.

Der Wissenschaftler A. E. Wilder-Smith gibt dieses Beispiel: Wenn Sie ein kleines Flugzeug besteigen würden, das 2000 Meter über ihrem Haus fliegen würde und Sie einhunderttausend weiße Karteikarten abwerfen würden, welche statistische Wahrscheinlichkeit bestünde, dass diese Karten so landen, dass Sie Ihre Initialen ergeben? Offensichtlich ist die Chance gleich null. Doch ein Anhänger der Evolutionslehre behauptet, dass alles geschehen könnte, wenn nur genug Zeit zur Verfügung stehen würde. Deshalb wollen wir den Karten mehr Zeit geben, indem wir höher fliegen und jede Karte mit einem Fallschirm versehen. Wird dadurch die Wahrscheinlichkeit erhöht, dass Ihr Name irgendwo auf einem freien Feld erscheint?

Oder denken wir uns, dass wir verschiedene Stücke Metall in ein Fass tun und es eine Million Jahre lang schütteln. Welche Wahrscheinlichkeit besteht, dass dabei eine Armbanduhr herauskommt? Und wenn wir aus Millionen Milliarden Jahre machen, hätten wir eine größere Chance?

Denken Sie daran, dass eine einzige Zelle weitaus komplexer ist als Ihre Initialen oder auch eine Armbanduhr. Seit der Entdeckung des genetischen Codes haben wir eine bessere Vorstellung davon, was nötig wäre, um einen Menschen zu erschaffen. Jeder Mensch hat etwa 30 Billionen Zellen im seinem Leib. Jede Zelle enthält 46 Chromosomen (je 23 von jedem Elternteil). Die Aktivität jeder einzelnen Zelle entspricht der einer großen Stadt wie Chicago oder Tokio. Jede Zelle hat genetische Informationen, die sie dazu programmieren, Teil eines der zahlreichen Organe zu werden. Walter T. Brown schreibt: »Die genetische Information, die in jeder einzelnen Zelle des menschlichen Körpers enthalten ist, entspricht in etwa einer Bibliothek mit 4000 Bänden.«[24] Wenn wir das mit 30 Billionen multiplizieren, dann können wir beginnen, die Komplexität jedes einzelnen Menschen zu ermessen.

Wenn wir annehmen sollten, dass all dies durch Zufall entstanden ist, so ist das schlicht und einfach unglaublich. Der verstorbene H. Quastler berechnete, dass die Chancen 1 zu einer 10 mit 301 Nullen stehen. Mathematisch wäre das etwa dem Glauben gleichzusetzen, dass bei einer Explosion in einer Druckerei ein Lexikon entstehen würde! Es ist ganz gleichgültig, wie viel Zeit wir der Natur geben und wie wir die Wahrscheinlichkeitsrechnung aufstellen – wir müssen einfach zugeben, dass die Evolution nie hätte stattfinden können, ganz gleich, welche Zeiträume und wie viel Glück wir annehmen.

In dem Buch »Darwin's Black Box« zeigt Michael Behe, ein Biochemiker, überzeugend, dass die Evolution nach Darwin unmöglich ist. Darwin brachte die Vorstellung auf, dass biologische Systeme sich durch zahlreiche kleine, aufeinander folgende Veränderungen höherentwickelt haben könnten. Behe zeigt, warum das unmöglich ist, indem er das Bild der Mausefalle benutzt: Man benötigt alle Teile der Mausefalle, um eine Maus zu fangen. Es funktioniert nicht mit der Grundplatte ein paar Mäuse fangen, später eine Feder zufügen, noch welche fangen, um dann den Schnapper zuzufügen, um die Funktion der Falle zu verbessern. Die Falle braucht alle diese Teile, um wirklich Mäuse zu fangen. Auf gleiche Weise sind menschliche Zellen unverkürzbar komplex und ihr Leben und ihre Funktion kann sich nicht langsam entwickelt haben. Mit anderen Worten, sagt Behe, überspringt der Darwinismus die molekulare Ebene. Das Leben, sagt er, kann nur Ergebnis eines intelligenten Plans sein.

Stellen Sie sich einmal den Bombardier-Käfer vor, der sich verteidigt, indem er seinem Feind übelriechende Gase entgegenschleudert, die sich im Gesicht des Feindes bei 100° C (dem Siedepunkt des Wassers) entzünden. Manchmal kann der Käfer vier bis fünf dieser »Bomben« in schneller Abfolge abfeuern. Um das zu erreichen, braucht man zwei Chemikalien (Wasserstoffperoxyd und Hydrochinon): Wenn Sie ins Labor gingen und dort diese beiden Chemikalien miteinander mischen würden, dann würden Sie eine Explosion verursachen. Deshalb hat der Käfer, um diese beiden Chemikalien gefahrlos transportieren zu können, einen Stoff entwickelt, der verhindert, dass die beiden Chemikalien explodieren, auch wenn sie beide in demselben Hohlraum gelagert werden.

In einem weiteren Hohlraum befindet sich der Anti-Hemmstoff und wartet dort auf den richtigen Zeitpunkt, um den Hemmstoff außer Funktion zu setzen. Wenn der Käfer also feuern will, wird der Anti-Hemmstoff durch eine Röhre zu den anderen Chemikalien geleitet, die jeweils durch ihren Ausgang gedrückt werden. Dieser Anti-Hemmstoff neutralisiert den ursprünglichen Hemmstoff, so dass die beiden Chemikalien freigesetzt werden, um zur Explosion zu führen.

Jemand hat einmal vorgeschlagen, dass wir versuchen uns vorzustellen, wie sich dieser Käfer vielleicht langsam entwickelt haben könnte. Ein evolvierender Käfer hätte kaum mit den beiden Chemikalien experimentieren können, denn es hätte ihn schnell in Stücke gerissen. Wie sollte sich der Hemmstoff entwickeln? Er ist solange unnötig, wie die beiden Chemikalien nicht gemeinsam existieren, doch wenn nur die Chemikalien da sind, ist es schon zu spät. Jemand musste von Anfang an wissen, dass ein solcher Hemmstoff nötig wäre.

Andererseits hätte ein Hemmstoff dem Käfer nichts genützt, wenn er sich einfach nur so gebildet hätte. Die Chemikalien wären einfach da, ohne dass etwas passieren würde. Bedeutet das also, dass die Käfer über Tausende von Jahren diese drei Chemikalien nutzlos gemischt haben, bis sich zufällig ein Anti-Hemmstoff entwickelt hat? Jemand musste vorher wissen, dass der Käfer sowohl den Hemmstoff wie auch den Anti-Hemmstoff brauchte, wenn er einen Vorteil fürs Überleben haben wollte.

Doch selbst wenn sich der Anti-Hemmstoff auch entwickelt hätte, wäre der Käfer noch immer explodiert, sobald der Anti-Hemmstoff den anderen Chemikalien hinzugefügt wurde. Es waren also zwei Röhren und ein getrennter Hohlraum für den Anti-Hemmstoff nötig, damit er bei einem Angriff genutzt werden konnte. Zusätzlich wird noch eine komplizierte Steuerungseinheit benötigt, damit der Anti-Hemmstoff genau zur richtigen Zeit eingespritzt wird!

Behe schrieb: »Sowohl der Verteidigungsmechanismus des Bombardier-Käfers als auch das Wirbeltierauge bestehen aus so vielen molekularen Komponenten (in der Größenordnung von Zehntausenden verschiedener Molekülarten), dass eine Auflistung – und eine Spekulation über die Mutationen, die sie hervorgebracht haben könnten – gegenwärtig unmöglich ist.«[25]

Man hat immer gesagt, dass Evolution zwar unwahrscheinlich gewesen sei, jedoch »stattgefunden« hat. Aber heute geben viele Wissenschaftler zu, dass sie nicht nur unwahrscheinlich, sondern *unmöglich* ist. Kein Wunder, dass Atheisten heute von »gelenktem Zufall« oder »biochemischer Prädestination« reden. C. S. Lewis nannte diese Art der Sprache einen Glauben an einen »zahmen Gott«, der einen nicht stört. »Alle Vorteile der Religion, aber nicht die Kosten«, schrieb er. Ja, die Evolution ist ein »Gott« unserer Zeit.

Die Lücke zwischen Mensch und niedrigeren Lebensformen

Immer wieder wird uns berichtet, dass angeblich ein »fehlendes Glied« in der Lebenskette zwischen Tier und Mensch gefunden worden sei. Natürlich sollte es, wenn Evolution tatsächlich über Millionen Jahre hinweg stattgefunden hätte, Zehntausende von Zwischenformen geben. Tatsache ist, dass die Ansammlung der Fossilfunde einfach die Theorie nicht unterstützt.

Doch der sicherlich wichtigste Beweis, dass die naturalistische Evolution den Menschen nicht erklären kann, ist folgender: Die Evolutionisten glauben nicht an die Existenz der Seele oder den menschlichen Geist, weil sich etwas geistliches nicht aus der Materie entwickeln kann. Sie behaupten, dass der menschliche Geist einfach ein Produkt von physikalischen und chemischen Änderungen im Gehirn sei, dass unsere Gedanken nur aus einer Kombination von Calcium, Phosphat und anderen Chemikalien bestehen. *Deshalb sind Evolutionisten der Ansicht, dass Materie denken kann.*

Doch wenn Materie denken kann, haben wir weder Kontrolle über noch Verantwortlichkeit für unsere Gedanken, weil wir die physikalischen und chemischen Gesetze nicht beeinflussen können. Weil wir nicht sagen können, dass die eine Kombination von Chemikalien einer anderen vorzuziehen ist, sind alle Gedanken moralisch neutral. Was immer existiert, existiert. Ethik existiert nicht.

Nur ein Glaube an einen Gott, der den Menschen mit einer geistlichen inneren Natur geschaffen hat (d. h. die nicht den Gesetzen der Chemie unterliegt), kann menschliche Verantwortlichkeit erklären. Gleichgültig wie laut die Evolutionisten ihren Atheismus proklamieren, sie leben und verhalten sich wie Männer und Frauen, die nach dem Bilde Gottes geschaffen sind. »Denn sein unsichtbares Wesen, sowohl seine ewige Kraft als auch seine Göttlichkeit wird von Erschaffung der Welt an in dem Gemachten wahrgenommen und geschaut, damit sie ohne Entschuldigung seien« (Röm 1,20).

Der biblische Schöpfungsbericht ist äußerst wissenschaftlich. Die Schöpfung ruft allen, die hören wollen, förmlich zu: »Seht euren Gott!«

Anmerkungen

1 Henry M. Morris, *The Genesis Record*. Grand Rapids: Baker 1976, S. 38.

2 Simon and Jaqueline Mitton, *The Young Oxford Book of Astronomy*. New York: Oxford University Press 1995, S. 146.

3 Ebd.

4 Fred Heeren, *Show Me God*. Wheeling, Ill: Searchlight 1995, S. 187. Dieses hilfreiche Buch zeigt, dass die Naturwissenschaft durchgängig auf einen intelligenten Schöpfer schließen lässt. Es zitiert viele wisschenschaftliche Kapazitäten, sowohl Christen als auch Atheisten, die bestätigen, dass die Gestalt des Universums nicht innerhalb eines rein naturalistischen Rahmens erklärbar ist.

5 *The Chicago Tribune* vom 15. Nov. 1997.

[6] Edward P. Tyron, »What made the World« in: *New Scientist* 101 v. 8. März 1984, S. 14.
[7] Heeren, *Show Me God*, S. 82.
[8] Ebd.
[9] Ebd. S. 113.
[10] Guillermo Gonzalez: »Is the Earth Special?: Re-examining the Copernican Principle«. Unveröffentlichter Aufsatz, o. J.; Gonzalez ist Forschungs-Astronom an der Washingtoner Universität.
[11] Ebd.
[12] *The World Book Encyclopedia*, Ausgabe von 1972, Stichwort »Moon«.
[13] Mitton and Mitton, *The Young Oxford Book of Astronomy*, S. 98.
[14] Ebd. S. 32.
[15] Robert Jastrow, *The Intellectuals Speak Out About God*. Lake Buff, Ill: Regnery Gateway 1984, S. 21.
[16] Heeren, *Show me God*, S. 202.
[17] Ebd.
[18] Ebd. S. 201.
[19] Ebd., S. 110.
[20] D. M. S. Watson, *Nature* (1929), zitiert bei: Duane Gish, Evolution – The Fossils Say No! San Diego: Creation Life 1973, S. 24.
[21] Phillip E. Johnson, *Darwin on Trial*. Downers Grove, Ill: Inter-Varsity 1993.
[22] Zitiert bei John Ankerberg und John Weldon, *Darvin's Leap of Faith*. Eugene, Oreg: Harvest House 1998, S. 11.
[23] Phillip E. Johnson, »The Unraveling of Scientific Materialism« in: *First Things*, Bd. 71, Nov. 1997).
[24] Walter T. Brown, *In the Beginning*. Naperville, Ill: ICR, Midwest Center 1981, S. 3.
[25] Michael Behe, *Darwin's Black Box: The Biochemical Challenge to Evolution*. New York: Free Press 1997, S. 41.

Der sechste Grund

Der Kanon – die Vorhersehung Gottes

Wer hat entschieden, welche Bücher zur Bibel gehören, und wann geschah das?

Viele Menschen sind der Ansicht, dass diese Entscheidungen von einem Kirchenkonzil gefasst worden wären, das sich hinter verschlossenen Türen getroffen und über das Thema diskutiert hätte. Dabei hätten sie einige Bücher anerkannt, andere dagegen verworfen. Oder sie stellen sich vor, dass diese Bücher einfach »zufällig« ohne spezielle Kriterien gesammelt wurden, die sie würdig gemacht hätten, zur Bibel gerechnet zu werden. Keine dieser Auffassungen ist richtig.

Der Zweck dieses Kapitels ist es, häufig gestellte Fragen zur Kanonbildung zu beantworten (das Wort Kanon bedeutete ursprünglich so viel wie Maßstab und wird auf die offizielle Liste der verbindlichen Bücher der Christenheit angewandt). Geschichtsforscher mögen nicht in der Lage sein, alle unsere Fragen zu beantworten, doch soweit wir wissen, zeigt die Bildung des Kanons sehr wohl die leitende Hand der göttlichen Vorsehung. Selbst die Einigkeit, die in der frühen Gemeinde über den Kanon bestand, ist ein Grund zu glauben, dass die Bibel das Wort Gottes ist.

Hier sind einige Fragen, die wir versuchen wollen, in diesem Kapitel zu beantworten:

- Warum sollten wir glauben, dass die Kirche die richtige Liste der inspirierten Bücher besitzt?

- Warum hat die katholische Kirche zusätzliche Bücher, die sich in protestantischen Bibeln nicht finden?

- Warum glauben Protestanten, dass die Bibel die einzige Basis für Glauben und Leben ist?

Jede Diskussion des Kanons trennt sehr schnell zwischen Protestanten und Katholiken. Die Katholiken haben nicht nur mehr Bücher in ihrer Bibel (s. Denkanstoß am Ende des Kapitels), sondern sie haben auch eine andere Sicht der Bibel. Deshalb können wir sagen, dass Ihre Meinung über die Beziehung zwischen Kanon und Kirche bestimmt, ob Sie ein Protestant oder Katholik sind.

Lassen Sie mich Ihnen Stephen und Janet Ray vorstellen. Sie sind vom Protestantismus zur katholischen Kirche übergetreten, und ihre Entscheidung ließ sich auf die Frage zurückführen: Ist das Neue Testament die Mutter der Kirche oder ist die Kirche die Mutter des Neuen Testamentes? Der Katholizismus lehrt, dass die Kirche zuerst entstanden ist, und man glaubt, dass die katholische Kirche genauso unfehlbar ist wie die Bibel. Die Katholiken glauben sogar, dass wir keine unfehlbare Bibel hätten, wenn wir keine unfehlbare Kirche hätten.

Man argumentiert folgendermaßen: Die Bibel allein kann nicht unsere Autorität sein, weil sie uns nicht sagt, welche Bücher denn zur Bibel gehören sollen. Die Kirche, d. h. die Päpste und die Konzilien haben bestimmt, welche Bücher in der Bibel sind, deshalb *müssen wir folgern, das die Kirche als solche unfehlbar ist.*

Um es anders auszudrücken: wenn die Kirche fehlbar wäre, dann könnte sie sich geirrt haben, als sie die Auswahl aus den vorhandenen Büchern traf. Um Stephen Ray zu zitieren: »Protestanten sind von der Tradition der katholischen Kirche abhängig, weil sie ihr Neues Testament von ihr bekommen haben.«[1] Als ein protestantischer Freund von mir einem katholischen Kollegen erklären wollte, dass wir durch den Glauben an Jesus allein gerechtfertigt werden, antwortete der: »Ihr Protestanten solltet euch daran erinnern, *dass es die katholische Kirche war, die euch die Bibel gegeben hat.«*

Deshalb lautet die Argumentation: Wenn es keine endgültige Autorität darüber gibt, welche Bücher zur Bibel gehören, dann kann jeder Mensch oder jede Sekte Bücher nach ihrem eigenen Gutdünken annehmen oder verwerfen. Um Ray noch einmal zu zitieren: »Um ehrlich zu sein, diejenigen, die keine bindende kirchliche Autorität anerkennen, die den Kanon hätte bestimmen können, müssen *jeden* Kanon anerkennen.«[2] Um es zu wiederholen, der Katholizismus lehrt, dass die Kirche unfehlbar sein musste, um uns einen unfehlbaren Kanon zu schenken.

Manchmal sind wir als Protestanten versucht, einen Katholiken zu fragen: »Warum betet ihr zu Maria, obwohl eine solche Lehre im Neuen Testament nicht besteht?« Wir sind frustriert, wenn er uns dann antwortet: »Es macht nichts, wenn es nicht in der Bibel steht, doch die Lehre der Kirche ist genauso bindend wie die Schrift, wenn nicht sogar noch mehr.« Dasselbe gilt für das Gebet zu den Heiligen oder die Lehre vom Fegefeuer und den Ablässen. Denken Sie daran, dass die katholische Kirche glaubt, das Recht zu haben, autoritative Traditionen einzuführen, deshalb erstreckt sich der Umfang der offenbarten Wahrheit weit über den Kanon der Schrift hinaus.

Willkommen bei der Debatte über den Kanon!

Wie die Bibel entstanden ist

Die Bibel ist eine bemerkenswerte Sammlung von sechsundsechzig Büchern, deren Verbindung ein gemeinsames

Thema ist. Wie ein Muster in einen Gobelin ist in die Bibel die Geschichte von Gottes Erlösung für die Menschheit hineingewebt. Dass diese Bücher gesammelt, vereint und dann als Gottes Wort angenommen wurden, ist an sich schon ein Wunder der Vorsehung Gottes. Wenn wir uns das Bild als Ganzes betrachten, dann finden wir die richtige Perspektive für die Einzelheiten.

Bleiben Sie am Ball, wenn wir uns nun einen Überblick darüber verschaffen, wie die Bücher der Bibel gesammelt wurden, und welche Bedeutung diese Geschichte für die Diskussion über den Kanon hat. Dann werden wir besser in der Lage sein, einige dieser kontroversen Fragen zu besprechen.

Der alttestamentliche Kanon

Wenn Gott den Auftrag gab, ein Buch der Bibel zu schreiben und das Volk Gottes es als solches anerkannte, dann wurde es aufbewahrt. Z. B. hat Mose »alle Worte des Herrn aufgeschrieben« (2Mo 24,4, vergl. Jos 8,30-35), und diese Schriften wurden sorgfältig in die Bundeslade getan (5Mo 31,26). Ebenso wurden die Schriften von Josua (Jos 24,26) und Samuel behandelt, dessen Worte »in ein Buch geschrieben ... und vor dem Herrn niedergelegt« wurden (1Sam 10,25). Dasselbe lesen wir von Jeremia (Dan 9,2) und Daniel.

Offensichtlich gab es immer mehr Bücher und die folgenden Generationen ehrten sie als das Wort des Herrn. Z. B. besaß Esra eine Abschrift des Gesetzes des Mose und der Propheten (Neh 9,14.26-30). Dieses Gesetz wurde gelesen und als Wort Gottes verehrt.

Natürlich wurde nicht alle religiöse Literatur der Juden Teil des Kanons. Z. B. existierte ein Buch Jaschar (Jos 10,13), außerdem ein Buch der Kämpfe des Herrn (4Mo 21,14) und andere (1Kön 11,41). Diese Bücher haben die

Jahrhunderte nicht überdauert, deshalb kennen wir ihren Inhalt nicht.

Als der Kanon immer größer wurde, wurde er oft mit dem Ausdruck »Mose und die Propheten« bezeichnet. Später hieß er auch »das Gesetz, die Propheten und die Schriften (oder die Psalmen)«. Jesus selbst hat diese Bezeichnung benutzt, als er »das Gesetz Moses und die Propheten und Psalmen« nennt (Lk 24,44).

Gerechterweise müssen wir berichten, dass fünf Bücher unseres heutigen Alten Testamentes für einige Zeit umstritten waren. Einige hielten das Hohelied Salomos für zu sinnlich, der Prediger war manchen zu skeptisch, und weil Esther den Namen Gottes nicht nennt, hielten einige es für ungeistlich. Die Sprüche wurden von einigen in Frage gestellt, weil sich einige davon scheinbar widersprechen. Und schließlich dachten einige jüdische Gelehrte, dass Hesekiel anti-mosaisch sei, und seine Visionen einen gnostischen Einschlag hätten.

Trotz dieser Einwände stellten die meisten jüdischen Gelehrten diese Bücher nicht in Frage. Sie wurden schon kurz nach ihrer Abfassung für kanonisch gehalten und befinden sich, wenn sie richtig ausgelegt werden, in vollkommener Harmonie mit den übrigen Büchern des Alten Testamentes. Die Jahrhunderte haben bewiesen, dass es weise ist, sie im biblischen Kanon zu behalten.

Wenn Sie das Inhaltsverzeichnis des hebräischen Alten Testamentes betrachten, würden Ihnen zwei Unterschiede zu unserem heutigen deutschen Alten Testament auffallen. Erstens finden sich nur 22 statt 39 Bücher. Doch es ist sehr wichtig zu erkennen, dass der Inhalt identisch ist. Die hebräische Bibel fasst nur einige Bücher zusammen. (Zum Beispiel bilden solche Bücher wie 1. und 2. Samuel eine Einheit, andere kleinere Bücher sind an größere angehängt worden.)

Ein zweiter Unterschied ist, dass die Reihenfolge der Bücher eine andere ist. Interessanterweise ist das letzte Buch der hebräischen Bibel nicht Maleachi, sondern Chronik.

Lassen Sie mich nun nebenbei einen Beweis dafür bringen, dass Jesu Bibel mit dem hebräischen Alten Testament, wie es uns heute vorliegt, identisch war. Der erste Mord des Alten Testamentes war natürlich der Mord an Abel durch Kain. Der letzte Mord war nach der hebräischen Anordnung der Bücher, als der Prophet Sacharja, der Sohn von Jojada, im Tempel zu Tode gesteinigt wurde (2Chr 24,20-21). Erst wenn wir das wissen, verstehen wir die Worte Jesu:

> Deswegen, siehe, ich sende zu euch Propheten und Weise und Schriftgelehrte; und einige von ihnen werdet ihr töten und kreuzigen, und einige von ihnen werdet ihr in euren Synagogen geißeln und werdet sie verfolgen von Stadt zu Stadt; damit über euch komme alles gerechte Blut, das auf der Erde vergossen wurde, von dem Blut Abels, des Gerechten, bis zu dem Blut Zacharias', des Sohnes Barachjas, den ihr zwischen dem Tempel und dem Altar ermordet habt. (Mt 23,34-35).

Nach der Ordnung des hebräischen Alten Testamentes gibt uns Jesus hier ein zusammenfassendes Panorama der gesamten biblischen Geschichte. Diese beiden Morde sind sozusagen die »Buchstützen« für den gesamten hebräischen Kanon. In neutestamentlicher Ausdrucksweise würden wir sagen: »Von 1. Mose bis zur Offenbarung.« Dies ist ein weiterer Beweis dafür, dass die Bibel Jesu die des jüdischen hebräischen Kanons war (wenn auch in anderer Anordnung), wie unser eigenes Altes Testament.

Interessanterweise werden achtzehn der zweiundzwanzig Bücher des hebräischen Kanons im Neuen Testament als verbindliche Schriftworte zitiert (alle außer Richter, Chronik, Esther und das Hohe Lied). Doch durch eindeutige Ableitung wurden auch diese Bücher als heilige Schrift angesehen, weil Jesus sich oft auf das gesamte Alte Testament als Einheit bezogen hat. Und selbst wenn er sagte: »Meint nicht, dass ich gekommen sei, das Gesetz oder die Propheten aufzulösen; ich bin nicht gekommen, aufzulösen, sondern zu erfüllen« (Mt 5,17), dann meinte er offensichtlich die gesamte jüdische Bibel.

Die Juden waren sich einig, dass der Kanon des Alten Testamentes etwa im Jahr 400 v. Chr. mit dem Propheten Maleachi abgeschlossen war. Heute wird der Zeitraum zwischen dem Alten und dem Neuen Testament oft als die vier stummen Jahrhunderte bezeichnet. Gott sprach in dieser Zeit nicht direkt zu seinem Volk, keine Worte Gottes wurden niedergeschrieben.

Was wissen wir nun sicher? Erstens, dass unser Altes Testament auf dem hebräischen Alten Testament basiert, wie es von den Juden einhellig akzeptiert wurde. Und zweitens, das dies derselbe Kanon ist, den Jesus durch seine häufigen Bezugnahmen auf das Alte Testament als das unverbrüchliche Wort Gottes bestätigt hat. Indem er diesen Büchern seine Zustimmung gab, deren Inhalt mit dem unserer Bücher identisch ist, können wir vertrauensvoll sagen, dass der Kanon des Alten Testamentes abgeschlossen und endgültig festgelegt ist.

Worin sehen wir nun die Vorsehung Gottes? Denken Sie daran, diese Bücher wurden vom Volk Gottes ohne ein Konzil anerkannt, das die Eigenschaften der einzelnen Bücher diskutiert hätte. Das Volk Gottes hat selbst herausgefunden, welche Schriften die Richtigen sind, wobei es zwar einige Diskussionen und ein wenig Uneinigkeit gab, doch diese Entscheidungen lagen nie in den Händen eines auserwählten Komitees.

Ja, es gab ein Konzil, das im Jahr 95 n. Chr. in Jamnia zusammenkam, und der Kanon des Alten Testamentes stand dabei auf der Tagesordnung, doch das Konzil bestätigte nur die Bücher, welche die Juden schon fünf Jahrhunderte vorher akzeptiert hatten. Das Konzil hat kein einziges Buch abgelehnt, noch hat es andere Bücher zum Kanon hinzugefügt. Die echten Bücher hatten ihren Wert schon bewiesen, der Weizen war schon von der Spreu getrennt.

Der Kanon des Neuen Testamentes

Dieselbe Autorität, die wir in den Büchern des Alten Testamentes finden, wird auch den Verfassern des Neuen Testamentes zugebilligt. Auch hier beweist sich die Autorität der Schrift nicht durch menschliche Brillanz oder Spekulation, sondern wurzelt im Charakter Gottes. Paulus konnte der Gemeinde in Korinth schreiben, dass er ihnen das Gebot des Herrn schrieb (1Kor 14,37).

Jesus ermächtigte die Jünger, die Wahrheit, die er sie gelehrt hatte, weiterzugeben. »Dies habe ich zu euch geredet, während ich bei euch weile. Der Beistand aber, der Heilige Geist, den der Vater senden wird in meinem Namen, der wird euch alles lehren und euch an alles erinnern, was ich euch gesagt habe« (Joh 14,25-26). Natürlich müssen wir erkennen, dass die frühe Gemeinde kein Zentrum hatte, in dem die Bücher gesammelt werden konnten, wie bei den Juden. Das Christentum hat sich über die Grenzen des Judentums hinaus ausgebreitet und wurde zu einer internationalen Religion. Es gab keinen zentralen Ort, an der die Autorität festgemacht wurde. Die Verfolgung zerstreute die Gemeinde in alle Richtungen.

Die Bücher des Neuen Testamentes wurden während der zweiten Hälfte des ersten Jahrhunderts geschrieben. Die meisten der Bücher sind an Ortsgemeinden gerichtet (z. B.

wurden die meisten der Paulusbriefe an Gemeinden wie Ephesus, Philippi und Kolossä etc. geschrieben) und andere waren an Einzelpersonen gerichtet. Weitere Bücher, die von verschiedenen Autoren stammen, wurden für eine breitere Leserschaft z. B. im Osten der Provinz Asien (1. Petrus), im Westen der Provinz Asien (Offenbarung) und sogar in Europa (Römer) geschrieben.

Bei solch einer geografischen Verschiedenheit von Abfassungsort und Ziel der Schreiben ist es verständlich, dass nicht alle Kirchen sofort Kopien dieser verschiedenen Briefe hatten. Bei den beschränkten Kommunikations- und Reisemöglichkeiten damals ist es zu erwarten, dass einige Zeit vergehen würde, bis die Anzahl der Bücher, die als verbindlich gelten, endgültig gefunden worden ist.

Offensichtlich fand ein Prozess der Auswahl und Bestätigung durch die ersten Gläubigen statt. Solange die Apostel noch lebten, konnte alles geprüft werden (Lk 1,2; Apg 1,21-22). Z. B. konnte Johannes sagen: »Und das Leben ist geoffenbart worden, und wir haben gesehen und bezeugen und verkündigen euch das ewige Leben, das bei dem Vater war und uns geoffenbart worden ist – was wir gesehen und gehört haben, verkündigen wir auch euch« (1Joh 1,2-3). Petrus bestätigte uns, dass er ein Augenzeuge der Verklärung war und dass seine Beschreibung ein Beweis aus erster Hand war (2Petr 1,16-18). Apostolische Autorität war entscheidend.

So wie Bücher zum alttestamentlichen Kanon hinzugefügt wurden, so sind die verschiedenen Bücher des Neuen Testamentes in der frühen Gemeinde angenommen worden, so wie sie geschrieben und in Umlauf gebracht wurden. Schon ganz früh hatte die Kirche einen funktionierenden Kanon, d. h., dass einige der Bücher schon als verbindlich anerkannt worden waren, obwohl andere noch nicht entstanden waren.

Paulus befiehlt den Thessalonichern: »Ich beschwöre euch bei dem Herrn, dass der Brief allen Brüdern vorgelesen werde« (1Thes 5,27). Und wieder schreibt er an die Kolosser: »Wenn der Brief bei euch gelesen ist, so veranlasst, dass er auch in der Gemeinde der Laodicäer gelesen werde« (Kol 4,16). Johannes versprach allen einen Segen, die zuhören, wenn die Offenbarung vorgelesen wird (Offb 1,3). Eindeutig waren die apostolischen Briefe für die gesamte Kirche gedacht. Die Bücher wurden schon zwischen den Gemeinden ausgetauscht, während ihre Anzahl noch stieg.

Dass einige Bücher schon kurz nach ihrer Abfassung als Gottes Wort akzeptiert wurden, kann man aus den Worten von Petrus ablesen. Er hatte eine Sammlung der Paulusbriefe vorliegen und sah sie als Schriftwort an. Lesen Sie diese erstaunliche Bestätigung der Autorität des Paulus. Petrus schrieb:

> Und achtet die Langmut unseres Herrn für Errettung, wie auch unser geliebter Bruder Paulus nach der ihm gegebenen Weisheit euch geschrieben hat, wie auch in allen Briefen, wenn er in ihnen von diesen Dingen redet. In diesen Briefen ist einiges schwer zu verstehen, was die Unwissenden und Unbefestigten verdrehen wie auch die übrigen Schriften zu ihrem eigenen Verderben. (2Petr 3,15-16)

Die Paulusbriefe wurden also fast sofort als verbindlich angesehen.

Man kann zeigen, dass andere Bücher dieselbe Aufnahme gefunden haben. Judas zitiert Petrus (Jud 17; vergl. 2Petr 3,2); Paulus zitiert das Lukasevangelium als Schriftwort (1Tim 5,18; vergl. Lk 10,7). Offensichtlich erkannten die Gläubigen der frühen Kirche eine wachsende Zahl von Literatur als inspiriertes Wort Gottes an.

Ja, es gab einige umstrittene Bücher. Einigen war der Hebräerbrief suspekt, weil niemand weiß, wer der Verfasser ist. Einige haben bezweifelt, dass der 2. Petrusbrief von Petrus stammt und schrieben ihn einem unbekannten Verfasser zu, der Material aus dem Judasbrief verarbeitet hat. Die Offenbarung fehlt auf einigen frühen Listen, wahrscheinlich, weil sie an einigen Orten nicht bekannt war. Zwei Bücher, die ursprünglich von einigen als kanonisch anerkannt wurden, wurden später aber abgelehnt. (Siehe dazu den Denkanstoß am Ende des Kapitels.)

Wir können dankbar sein, dass man innerhalb der Kirche nichts mehr unternommen hat, um entweder Bücher herauszunehmen oder andere hinzuzufügen, nachdem die einundzwanzig Bücher einmal angenommen waren. Es gibt gute Gründe zu glauben, dass die erste Gemeinde die Briefe richtig erkannt hat, die ihnen letztlich Gott zugedacht hat.

Fassen wir die Entwicklung des neutestamentlichen Kanons noch einmal zusammen:

1. Briefe wurden von den Aposteln geschrieben und von Gemeinden empfangen. Davon wurden Abschriften angefertigt und in Umlauf gebracht.

2. Eine wachsende Gruppe von Büchern entwickelte sich, die als inspiriertes Schriftwort anerkannt wurden. Eine wichtige Frage für ihre Anerkennung lautete: Ist das Buch von einem Apostel oder einem geschrieben worden, der die Apostel kannte, und hat das Buch deshalb apostolische Autorität? Z. B. war Lukas selbst kein Apostel, aber er war der Vertraute und Reisegefährte des Paulus. Doch sollten wir auch darauf hinweisen, dass der Autor des Hebräerbriefes unbekannt war, und das Buch dennoch angenommen wurde. Es enthält solch ein kraftvolles Zeugnis über Christus als Erfüllung des Alten Tes-

tamentes, dass die Kirche sich von seiner Autorität überzeugen ließ.

3. Gegen Ende des ersten Jahrhunderts waren alle siebenundzwanzig Bücher unseres gegenwärtigen Kanons geschrieben und von den Gemeinden anerkannt.[3] Obwohl einige Kanonlisten unvollständig waren, heißt das nicht, dass einige Bücher abgelehnt wurden, sondern einfach, dass das betreffende Buch in einem gewissen Gebiet unbekannt war.

4. Um sowohl die Einigkeit über die Auswahl als auch die weite Verbreitung der Bücher des Neuen Testamentes zu zeigen, sollten wir festhalten, dass in der Generation nach dem Ende des apostolischen Zeitalters jedes Buch des Neuen Testamentes von einem Kirchenvater als verbindlich zitiert worden ist.[4]

5. Bleibende Zweifel oder Streitigkeiten über einzelne Bücher setzten sich bis ins vierte Jahrhundert fort. Soweit die Geschichtsschreiber wissen, erschien die erste Liste mit unseren siebenundzwanzig Büchern in einem Osterbrief von Athanasius, einem herausragenden Kirchenmann, geschrieben im Jahr 367. Offensichtlich waren diese Bücher schon zweihundert Jahre vorher bei den meisten Gemeinden als verbindlich anerkannt.

6. Die siebenundzwanzig Bücher unseres Neuen Testamentes wurden vom Konzil in Hippo (393 n. Chr) und dem Konzil in Karthago (397) bestätigt.

Hier sehen wir wieder die Vorsehung Gottes. Diese Konzilien haben weder Bücher hinzugefügt noch welche aus dem Kanon genommen, sondern haben nur noch einmal die Liste der siebenundzwanzig Bücher bestätigt, die schon von der frühen Kirche anerkannt worden waren. Wenn wir die geografischen Entfernungen in Rechnung stellen, dazu die begrenzten Kommunikationsmöglichkeiten und den unterschiedlichen Hintergrund der Gemeinden, ist eine solche Übereinstimmung erstaunlich.

Wie das Buch »Sola Scriptura!« schreibt: »Der Kanon war schon während des apostolischen Zeitalters unausgesprochen vorhanden. Er wurde dann durch die Vorhersehung Gottes ausdrücklich gebildet und dann festgelegt.«[5] Die Kirchenkonzilien hatten kein Wissen und keine Vollmacht, die nicht jedem Christen zugänglich gewesen wäre.

Um die Frage zu beantworten, wer darüber entschieden hat, welche Bücher zur Bibel gehören und wann diese Entscheidung gefällt wurde, muss man sagen, dass diese Entscheidungen gefallen waren, als die Bücher geschrieben wurden. Diese Entscheidungen wurden von Menschen Gottes getroffen, die diese Bücher als verbindlich erkannt haben. Sie waren sehr sorgfältig, alles zu betrachten, was die Apostel gelehrt und geschrieben hatten. Sie gingen davon aus, dass die Apostel die Boten Jesu waren, die sie auf Erden gekannt hatten.

Evangelisch oder katholisch?

Nachdem wir nun eine kurze Übersicht über die Entstehung des biblischen Kanons bekommen haben, sind wir besser in der Lage, die Unterschiede zwischen der katholischen und evangelischen Sicht des Kanons zu diskutieren. Hier ist die strittige Frage: Hat die Kirche Autorität über den Kanon, oder hat der Kanon Autorität über die Kirche? Rom antwortet unzweideutig, dass die Kirche den Kanon geschaffen hat, dass sie die Bücher ausgewählt hat, die zum

Kanon gehören, und dass sie deshalb Vorrang vor der Schrift hat. Und wenn sie eine solche Autorität hat, dann hat die Kirche Vollmacht, Traditionen anzunehmen, die sich nicht in der Bibel finden und diese für genauso verbindlich wie die Schrift selbst zu halten.

Das 2. Vatikanische Konzil fasste 1967 die offizielle Meinung der katholischen Kirche in dieser Angelegenheit zusammen:

> Es ist deshalb eindeutig, dass heilige Traditionen, die Heilige Schrift und die Lehrautorität der Kirche so eng zusammengehören, dass die eine ohne die andere nicht bestehen kann, und dass alle zusammen und jede auf ihre Weise unter der Leitung des Heiligen Geistes wirksam zur Errettung der Seelen beitragen.[6]

Deshalb kann die katholische Kirche Lehren vertreten, die sich nicht auf die Bibel gründen, und manchmal ist es sinnlos, solche Traditionen an der Schrift zu überprüfen, denn wenn es zu Widersprüchen kommt, dann gewinnt die Tradition, nicht die Schrift.

Lassen Sie uns dieses Thema einmal durchdenken:

Die Protestanten betonen, dass ein Buch entweder an sich Autorität hat oder nicht. Entweder ist es von Gott oder nicht. Wenn ein Brief von Abraham Lincoln geschrieben wurde, dann ist er echt, selbst wenn Historiker ihn nicht als solchen anerkennen. Und wenn er nicht von ihm geschrieben wäre, dann könnten alle Konzilien und Erklärungen von Menschen ihn nicht zu einem Originalbrief machen. Wir können nur den Brief untersuchen, um herauszufinden, ob er der Verfasser gewesen sein könnte.

Wenn ein Buch von Gott inspiriert wäre, wäre es verbindlich, selbst wenn Israel im Alten und die Kirche im Neuen Testament es nicht als solches erkannt hätte. Und wenn es nicht inspiriert wäre, wäre es völlig gleichgültig, wie aufrichtig wir daran glauben würden, dass es von Gott verfasst wäre. Mit anderen Worten müssen wir zwischen der *Autorität* eines bestimmten Buches und der *Anerkennung* dieser Autorität unterscheiden.

Katholische Theologen widersprechen, wenn man den Dokumenten einen solchen Vorrang gibt. Als Johannes Eck mit Luther diskutierte, stellte er fest: »Die Schrift ist nicht verbindlich, außer durch die Autorität der Kirche.« Mit anderen Worten, die Kirche kann einer Schrift Autorität verleihen. Die Wahrheit ist also, was immer die offizielle Kirche für verbindlich erklärt. Da können Protestanten natürlich nicht einverstanden sein.

Protestanten sind ausdrücklich der Meinung, dass eine fehlbare Kirche eine unfehlbare Liste von Büchern aufgestellt hat, die jetzt unser Neues Testament ausmacht. Ja, theoretisch hätte sich die Kirche irren können. Doch gibt es keinen Grund anzunehmen, dass die Kirche sich geirrt hat, doch aus einem Grund sind Irrtümer möglich: *Die Kirche ist nicht unfehlbar, nur die Schrift ist unfehlbar.*

Wenn wir nun dies festgestellt haben, müssen wir hinzufügen, dass wir aus zwei Gründen glauben, dass die Kirche sich nicht geirrt hat: Erstens gibt es keinerlei Bücher, die ernsthaft Anspruch auf Einfügung in den neutestamentlichen Kanon erheben können. Selbst die kanonischen Bücher, die zeitweilig umstritten waren, haben ihren Wert bewiesen, und die Bücher, die ausgeschlossen wurden, passen nachweislich nicht ins Neue Testament. Einem Menschen, der sagt, dass die Kirche sich geirrt hat, antworte ich: »Beweise deine Behauptungen, zeige mir, welches Buch nicht zum Neuen Testament gehört und welche Bücher, wenn überhaupt, hinzugefügt werden sollten.« An diesem Punkt ist die Diskussion üblicherweise beendet.

Zweitens, wie schon oben diskutiert, glauben wir, dass

Gott sein Wort durch seine Vorsehung bewahrt hat. Er hat dies jedoch nicht getan, indem er die Kirche in allen ihren offiziellen Entscheidungen unfehlbar gemacht hat, sondern indem er sein Volk dazu geführt hat, die Bücher anzuerkennen, die den Stempel göttlicher Autorität tragen.

Sind Sie noch immer beunruhigt bei dem Gedanken, dass eine fehlbare Kirche unfehlbare Schriften ausgewählt haben soll? Sie sollten nicht erstaunt darüber sein. *Schließlich waren es lauter fehlbare Menschen, welche die unfehlbare Schrift geschrieben haben.* König David im Alten und Petrus im Neuen Testament sind Beispiele für Autoren, deren Sünden und deren Versagen wohlbekannt sind. Doch David schrieb unfehlbare Psalmen und Petrus, der Jesus verleugnet hat, schrieb zwei unfehlbare Briefe. Genauso konnte eine fehlbare Kirche von Gott dazu geführt werden, eine unfehlbare Liste von Büchern aufzustellen. Die katholische Kirche jedoch besteht darauf, dass sie ein Recht auf ihre Traditionen hat, weil Paulus die frühe Gemeinde ermahnt hat, den Traditionen der Apostel zu folgen. »Also nun, Brüder, steht fest und haltet die Überlieferungen, die ihr gelehrt worden seid, sei es durch Wort oder durch unseren Brief« (2Thes 2,15). Dies, so wird behauptet, rechtfertigt die Kirchentradition. Die Kirche, nicht die Schrift, sei »der Pfeiler und die Grundfeste der Wahrheit« (1Tim 3,15).

Doch sehen Sie die Worte des Paulus in 2. Thessalonicher 2,15 (oben zitiert) im Zusammenhang. Paulus hatte die Gläubigen aus Thessalonich vieles mündlich gelehrt, und diese Lehren wurden befolgt. Doch der Hauptinhalt dieser Lehren ist auch in der Schrift festgehalten. Und wenn es andere Themen gab, die Paulus gelehrt hatte, die sich aber nicht in der Schrift finden, dann können wir nur annehmen, dass er nicht der Meinung war, dass sie wichtig genug seien, um für die gesamte Kirche aufbewahrt zu werden. Paulus hätte nie die Wahrheit, die er für die gesamte Kirche für wichtig hielt, der mündlichen Tradition anvertraut. Was immer wesentlich war, wurde auch aufgeschrieben.

Die Thessalonicher waren offensichtlich durch einen gefälschten Brief in die Irre geführt worden, der angeblich von einem Apostel geschrieben wurde, der lehrte, dass der Tag des Herrn schon gekommen sei (2Thes 2,2). Paulus mahnte sie, nur solche Briefe anzunehmen, die in seiner Handschrift verfasst waren, und in seiner Lehre beständig zu bleiben. Deshalb befahl er ihnen, nur das als unfehlbare Wahrheit anzunehmen, was sie direkt aus seinem Mund gehört hatten.[7]

Er gab keinerlei Hinweis auf eine wie auch immer geartete Tradition, die für zukünftige Generationen aufbewahrt wird und die sich über die Jahrhunderte der Kirchengeschichte entwickelt. Jedenfalls werden Traditionen, die häufig mit der Bibel in Konflikt stehen, von der katholischen Kirche weitgehend als verbindlich angenommen. Wir sehen die Gefahr in den Worten von Papst Pius IX, die er beim ersten Vatikanischen Konzil im Jahr 1870 geäußert hat: »Ich bin die Tradition.«[8] Mit anderen Worten, die Erklärungen, ob sie nun besondere Ablässe betreffen oder die Aufnahme Mariens in den Himmel, sind alle verbindlich. Und wenn später einmal, wie einige denken, die Jungfrau als Miterlöserin mit Christus bezeichnet wird, dann wird eine offizielle Verkündigung auch dies verbindlich machen!

Traditionen sind selten neutral. Fast immer verschleiern sie die Botschaft der Schrift, wobei der Inhalt oft verdreht wird. Die menschliche Natur ist so. Auch die Juden hatten ihre Traditionen, die um die Schrift herum aufgebaut wurden. Der Talmud wurde z. B. von vielen als verbindliche Lehre angesehen. Doch Jesus wusste, dass alles, was man – mit welch ehrlichen Absichten auch immer – dem Wort Gottes hinzufügt, das Wort Gottes entweder verwässert oder verdreht. Er geißelte die jüdischen Leiter seiner Zeit:

»Trefflich hat Jesaja über euch Heuchler geweissagt, wie geschrieben steht: ›Dieses Volk ehrt mich mit den Lippen, aber ihr Herz ist weit entfernt von mir. Vergeblich aber verehren sie mich, indem sie als Lehren Menschengebote lehren.‹ Ihr gebt das Gebot Gottes Preis und haltet die Überlieferung der Menschen fest« (Mk 7,6-8).

Als ob das nicht ausreichen würde, sagte Jesus ausdrücklich zu ihnen: »Trefflich hebt ihr das Gebot Gottes auf, damit ihr eure Überlieferungen haltet« (V. 9). Auch wenn es nicht direkt der Schrift widerspricht, so verzerrt es doch ihre Bedeutung.

Wenn Sie noch immer der Ansicht sind, dass die Erklärungen der katholischen Kirche unfehlbar sind, so gibt es genügend Beweise in der Geschichte, um zu zeigen, dass Päpste und Konzilien einander oft widersprochen haben, und was noch bedeutender ist, der Schrift selbst widersprochen haben.

Hier ein paar Beispiele:

- Die Tradition der katholischen Kirche lehrt, dass der Papst das Haupt der Kirche ist, ein Bischof über alle Bischöfe. Doch Gregor der Große – Papst und Heiliger – sagte, dass solch eine Lehre vom Antichristen stammt.[9]

- Papst Pius behauptete im Jahr 1559, dass, wenn jemand ohne seine schriftliche Genehmigung eine Bibel besitze, er »keine Lossprechung von den Sünden bekommen kann, ehe er diese Bibel nicht abgibt.« Das Zweite Vatikanische Konzil sagte jedoch, dass Christen freien Zugang zur Bibel erhalten sollten.[10]

Wir haben nun genug über den Unterschied zwischen Katholiken und Protestanten gesagt. Der Katholik glaubt, dass der Kanon der Kirche unterstellt ist, der Protestant dagegen, dass die Kirche dem Kanon untersteht.

Allein die Schrift

Seit der Reformation bestehen die Protestanten auf dem lateinischen Motto »Sola Scriptura«, was bedeutet »allein die Schrift.« Wir stimmen mit Augustinus überein: »In den Lehren, die eindeutig auf der Schrift basieren, findet man *alles* für den Glauben und das Leben Wichtige« (Hervorhebung vom Autor).

Katholische Theologen haben viele Vorbehalte vor dem Grundsatz »Sola Scriptura.« Sie bestehen darauf, das diese Lehre nicht in der Schrift enthalten sei. Deshalb würden die Protestanten, die sich rühmen, nur an die Bibel als Grundlage für Glauben und Leben zu glauben, ihren Glauben eben nicht auf der Bibel allein gründen!

Das Prinzip »Sola Scriptura« kannte man jedoch schon im Alten Testament. Schon Mose warnte: »Ihr sollt nichts hinzufügen zu dem Wort, das ich euch gebiete, und sollt nichts davon wegnehmen, damit ihr die Gebote des Herrn, eures Gottes haltet, die ich euch gebiete« (5Mo 4,2). Der Grund für die hier gegebene Offenbarung war, dass es kein Missverständnis darüber geben sollte, was Gott gesagt hat. Traditionen jeglicher Art sollten vermieden werden.

So wie Jesus sich auf die alttestamentlichen Schriften bezog und sorgfältig die Traditionen der Pharisäer mied, so müssen wir an den Lehren des Neuen Testamentes festhalten und die Traditionen meiden, die zum Wort Gottes etwas hinzufügen wollen. Katholische Traditionen funktionieren genau wie die jüdischen des Thalmud: Die Traditionen werden zum Maßstab, nach der die Schrift ausgelegt wird.

»Sola Scriptura« lehrt nicht, dass alles, was Jesus oder die Apostel je getan hätten, in der Bibel beschrieben wird, sondern dass alles, was für die Erlösung und das christliche Leben notwendig ist, in der Bibel enthalten ist. Sicherlich können wir von dem profitieren, was andere über die Bibel und ihre Anwendung auf unseren Alltag gelehrt haben. Gott hat der Kirche Lehrer gegeben, und wir verarmen, wenn wir sie vernachlässigen. Doch alles muss anhand des Maßstabes der Bibel gemessen werden. Wir sagen mit Jesaja: »Hin zur Weisung und zur Offenbarung! Wenn sie nicht nach diesem Wort sprechen, dann gibt es für sie keine Hoffnung« (Jes 8,20).

Obwohl die meisten Protestanten zustimmen, dass Traditionen häufig die offensichtliche Bedeutung der Schrift vernebeln, haben einige andere Gründe, um das Prinzip »Sola Scriptura« abzulehnen. Sie behaupten, »Weissagungen« oder »Prophezeiungen« zu haben, die Wahrheiten von Gott offenbaren, die sich nicht in der Bibel finden. Offensichtlich wird über so etwas diskutiert, wobei einige der Meinung sind, das solche Offenbarungen einfach aus der Seele dieser Menschen entspringen. Andere sind der Ansicht, dass es notwendig sei, zusätzliche Offenbarungen zur Führung in besonderen Situationen zu empfangen. Einge von uns sind zufrieden zu wissen, dass die Bibel, und nur die Bibel alles ist, was wir zur Bekehrung und einer geheiligten Lebensführung brauchen.

Die Gemeinde ist gegründet auf »der Grundlage der Apostel und Propheten, wobei Christus Jesus selbst der Eckstein ist« (Eph 2,20). Wir können nicht zu den Tagen der Urgemeinde zurückkehren, als die Apostel gepredigt haben und neue Schriften als Wort Gottes erkannt wurden. Wir sind zufrieden zu wissen, dass Gott uns alles mitgeteilt hat, wass wir wissen müssen.

Die Schrift ist »von Gott eingegeben« (2Tim 3,16). Weder kirchliche Konzilien noch »Worte der Weisheit« können Anspruch auf Autorität erheben. Wir kehren zu den Worten des Paulus zurück: »Alle Schrift ist von Gott eingegeben und nützlich zur Lehre, zur Überführung, zur Zurechtweisung, zur Unterweisung in der Gerechtigkeit, damit der Mensch Gottes vollkommen sei, zu jedem guten Werk völlig zugerüstet« (2Tim 3,16-17).

Jemand hat gesagt, dass die Bibel nützlich ist zur

> *Lehre*, damit wir *wissen, was richtig ist,*
> *Überführung*, damit wir *zurecht gebracht werden,*
> *Zurechtweisung*, damit wir *richtig handeln* können,
> *Unterweisung*, damit wir *richtige Vorbilder sein* können.

Ich glaube nicht, dass die Offenbarung zufällig am Ende des neutestamentlichen Kanon steht. Sie endet mit einer Warnung, die sich in erster Linie auf das Buch der Offenbarung bezieht, doch ist sie auch weiter auf die gesamte Bibel anzuwenden:

> Ich bezeuge jedem, der die Worte dieser Weissagung dieses Buches hört: Wenn jemand zu diesen Dingen hinzufügt, so wird Gott ihm die Plagen hinzufügen, die in diesem Buch geschrieben sind; und wenn jemand von den Worten des Buches dieser Weissagung wegnimmt, so wird Gott seinen Teil wegnehmen von dem Baum des Lebens und aus der heiligen Stadt, von denen in diesem Buch geschrieben ist. (Offb 22,18-19)

Könnte man sich klarer ausdrücken?

DENKANSTOẞ

Die nichtkanonischen Bücher

Die Apokryphen

Wenn Sie sich das Inhaltsverzeichnis einer katholischen Bibel ansehen, dann bemerken Sie, dass sich zwischen den Büchern des Alten und Neuen Testamentes zusätzliche

Bücher befinden. Insgesamt gehörten 15 Bücher zu den sogenannten Apokryphen (das Wort bedeutet »verborgen«), obwohl die Katholische Kirche nur elf von diesen als kanonisch anerkennt. Weil vier dieser elf Bücher Teil von alttestamentlichen Büchern sind, hat eine katholische Bibel nur sieben zusätzliche Bücher im Inhaltsverzeichnis.

Woher kommen diese Bücher?

Um diese Frage zu beantworten, müssen wir nach Alexandria in Ägypten gehen, wo etwa im Jahr 250 v. Chr. eine Gruppe jüdischer Gelehrter das hebräische Alte Testament ins Griechische übersetzt hat. Diese Übersetzung, die unter dem Namen »*Septuaginta*« bekannt geworden ist (das bedeutet »siebzig« und wird auf die siebzig Tage bezogen, in der die Gelehrten angeblich diese Übersetzung geschaffen haben), hatte einen großen Einfluss auf die damalige griechisch sprechende Welt. Diese Übersetzung war auch noch zur Zeit Jesu bekannt und wurde benutzt. Die Verfasser des Neuen Testamentes beweisen, dass sie mit ihr vertraut waren und zitieren sie an einigen Stellen sogar.

Spätere Ausgaben dieser Übersetzung enthielten die Apokryphen. Wir können nicht genau sicher sein, wann diese Bücher dort hinzugefügt wurden, doch gibt es keinen Beweis dafür, dass sie sich schon zur Zeit Jesu in der Septuaginta fanden. Doch weil sie dieser Übersetzung beigefügt wurden, wurde ihr Wert diskutiert. Einige Gelehrte waren der Ansicht, dass sie zur Bibel gehören, andere bestanden darauf, dass dies nicht der Fall sei.

Zu denen, die sie als kanonisch annahmen, gehören Irenäus, Tertullian und Clemens von Alexandrien, zu denen, die sie ablehnten gehören Athanasius, Origines und Hieronymus, um nur wenige Namen zu nennen. In der Tat wollte Hieronymus diese Bücher bei seiner Bibelübersetzung ins Lateinische (die *Vulgata*) nicht mit übersetzen, wurde aber von anderen dazu gedrängt. Er übersetzte sie nur oberflächlich und hielt sie von den anderen Büchern getrennt. Trotzdem erschienen sie in seiner lateinischen Übersetzung.

Die Protestanten haben vielfältige Gründe, diese Bücher als nicht kanonisch abzulehnen. Weil dort Ereignisse beschrieben werden, die in der Zeit vor und während der Zeit Christi stattfanden (die Bücher stammen aus den Jahren von ca. 200 v. Chr. bis 300 n. Chr.) haben sie durchaus historischen Wert. Und doch sind die meisten von uns überzeugt, dass sie nicht zum inspirierten Wort Gottes gehören.

Im Folgenden einige Gründe für diese Ansicht:

1. Obwohl es im Neuen Testament einige Anspielungen auf die Apokryphen gibt (Hebräer 11,35 und Jud 14-15), gibt es kein direktes Zitat daraus.[11] Weder Jesus noch andere Autoren des Neuen Testamentes zogen diese Bücher heran, um zu argumentieren oder eine Lehre zu erklären. Die anderen Bücher, die als inspiriert angesehen werden, werden oft mit »es steht geschrieben« oder ähnlichen Ausdrücken zitiert. Das gilt nicht für die Apokryphen.

2. Vor der Reformation macht die katholische Kirche selbst einen Unterschied zwischen den Apokryphen und den anderen Büchern des Alten Testamentes. Z. B. veröffentlichte Kajetan, der 1518 in Augsburg mit Luther debattierte, einen *Kommentar aller authentischen Geschichtsbücher des Alten Testamentes.* Dieser Kommentar besprach jedoch nicht die Apokryphen.[12]

3. Das erste offizielle Konzil, das diese Bücher bestätigt hat, war das Konzil von Trient im Jahre 1546, nur 29 Jahre nachdem Luther seine Thesen in Wittenberg an die Kirchentür genagelt hatte.[13] Dieses Konzil fand es gut diese Bücher zu kanonisieren, weil sie gegen Luther zitiert

werden konnten. Z. B. spricht 2. Makkabäer von Gebeten für die Toten (12,46), und ein anderes Buch lehrt die Errettung durch Werke (Tobit 12,9).

Jedenfalls akzeptierte das Konzil nur elf von fünfzehn Büchern. Wir würden natürlich erwarten, dass diese Bücher, die so viele Jahrhunderte lang immer zusammen gestanden haben, entweder als Ganzes angenommen oder verworfen würden. Doch in Trient wurden einige angenommen, andere verworfen.

4. Der Inhalt der Bücher entspricht nicht biblischen Maßstäben. Einige Geschichten sind abstrus.[14] Bel und der Drache, Tobit und Judith belegen deutliche legendenhafte Züge. Die Verfasser geben im Verlauf der Geschichten sogar Hinweise darauf, dass sie nicht ernst zu nehmen sind.

5. Diese Bücher enthalten historische Irrtümer. »Es wird behauptet, dass Tobit lebte, als die Assyrer Israel eroberten (722 v. Chr.), aber auch, als Jerobeam sich gegen Juda erhob (931 v. Chr.)«, womit er mindestens 209 Jahre alt hätte sein müssen.[15] Doch nach dem Bericht starb er, als er erst 158 Jahre alt war. Weiter spricht das Buch Judith davon, dass »Nebukadnezar in Ninive statt in Babylon regiert hätte (Judith 1,1).«[16] Solche Ungenauigkeiten widersprechen der Lehre, dass inspirierte Bücher von Gott eingegeben und irrtumslos sind.

6. Schließlich, und das ist der wichtigste Punkt, müssen wir daran denken, dass die Apokryphen nie zum Kanon des Alten Testamentes gehört haben.[17] Wir haben schon betont, dass Jesus davon ausging, dass der hebräische Kanon mit den hebräischen Schriften abgeschlossen war. Die Apokryphen wurden auf griechisch verfasst, nicht auf hebräisch, und sind weitaus später entstanden.

Die »verlorenen Bücher« der Bibel

Manchmal hören wir, wie sogenannte »verlorene« Bücher der Bibel erwähnt werden, Bücher, von denen man annimmt, dass sie lange Zeit der Öffentlichkeit vorenthalten worden wären. Vor etwa drei Jahren kam der Bell Verlag in New York mit dem Buch von Dr. Frank Crane heraus, das den Titel trug »Die verlorenen Bücher der Bibel«. Auf dem Vorsatzblatt heißt es, dass diese Bücher nicht bei denen gewesen wären, die für die Bibel ausgewählt worden wären. Sie seien »von der Kirche unterdrückt worden und hätten über fünfzehnhundert Jahre im Verborgenen gelegen.«[18]

Das ist nichts als Reklame. Diese Bücher sind nie geheim gewesen, sondern sind den Gelehrten in allen Jahrhunderten zugänglich gewesen, auch wenn sie nicht (wie viele andere Bücher) für jedermann waren. Diese Bücher werden sowohl von Katholiken als auch Protestanten abgelehnt. Es gab etwa zwanzig falsche Evangelien, die in den ersten Jahrhunderten kursierten.

Paulus warnte die Christen in Thessalonich davor, keine falschen Briefe anzunehmen, die sie in seinem Namen erhalten haben (2Thes 2,2). Wir haben schon erfahren, dass sie diese zur Prüfung der Echtheit mit seiner Handschrift vergleichen sollten (3,17).

Johannes schrieb, dass es »auch viele andere Dinge« gegeben habe, »die Jesus getan hat«, die jedoch nicht in seinem Evangelium erscheinen, »und wenn diese alle einzeln niedergeschrieben würden, so würde, scheint mir, selbst die Welt die geschriebenen Bücher nicht fassen« (Joh 21,25). In seinem Evangelium bestreitet Johannes ein Gerücht, dass er angeblich niemals sterben würde (21,23-24). Es waren im ersten Jahrhundert viele Geschichten über Jesus im Umlauf, die entweder unwichtig oder ganz einfach falsch waren.

Dutzende dieser sogenannten verlorenen Bücher sind niemals ernsthaft für den Kanon in Erwägung gezogen worden. Anders als andere Bücher, deren Aufnahme diskutiert wurde, wurden sie von Anfang an als Legenden erkannt. Diese »vergessenen Bücher« sind so eindeutig minderwertig, dass sie nicht ernst genommen werden können.

Sogar im Vorwort von *Die verlorenen Bücher der Bibel* gibt Dr. Crane zu, dass dies der Fall ist, indem er sagt, dass sich um alle berühmten Männer bald Legenden und apokryphe Geschichten ranken, seien es Napoleon, Karl der Große oder Julius Caesar gewesen, und wir von daher auch erwarten könnten, dass solche Legenden sich auch um Jesus ranken würden. Er fährt fort, dass Jesus den Geschichtenerzählern seiner Zeit einen willkommenen Stoff bot. Diese Autoren, so gibt Crane zu, geben nicht vor, Dinge niederzuschreiben, die im strengen Sinne des Wortes wahr sind, sondern verändern alle Vorgänge durch ihre Phantasie.

Gut gesagt.

Zwei Bücher, von denen Christen meinten, dass sie zur Bibel gehören sollten

Es gibt jedoch zwei Bücher, die für einen Platz im Kanon in Frage gekommen sind, jedoch von der Kirche abgelehnt wurden. Das erste ist »Der Hirte« des Hermas, das andere das Thomasevangelium.[19]

Der Hirte des Hermas

In dem Buch »Der Hirte des Hermas« wird Jesus als Hirte dargestellt, der einen Mann , der das Buch in Rom zwischen 90 und 157 nach Christus geschrieben hatte, durch Visionen leitet. Hermas fragt den Hirten (Jesus): »Einige Lehrer sagen, dass es keine zweite Buße über das hinaus gibt, was uns gewährt wurde als wir in den Wassern der Taufe gesegnet worden sind und Vergebung für unsere vorherigen Sünden erhielten.«

Jesus, der Hirte, antwortet: »Dies verhält sich so: Wer einmal die Vergebung der Sünden erhalten hat, sollte nie wieder sündigen, sondern in Reinheit leben ... Wer jetzt glaubt, und die, die in Zukunft glauben sollen, brauchen keine Umkehr von den Sünden, weil sie Vergebung ihrer früheren Sünden haben. ... Nachdem der Herr dieses heilige Geschenk [Buße] erhalten hat und ein Mensch vom Teufel versucht wird, hat er nur eine Buße. Es ist für solch einen Menschen also nutzlos, dass er sündigt und immer wieder bereut, denn er wird kaum leben.«

Hermas antwortet: »Als ich diese Wahrheit hörte, ward mir das Leben wiedergegeben, denn ich weiß, dass ich errettet bin, wenn ich nichts mehr zu meinen Sünden hinzufüge.«

Wir können dankbar sein, dass *der Hirte des Hermas* keine Heilige Schrift ist! Können Sie sich ein Evangelium vorstellen, das lehrt, dass wir nicht gerettet werden können, wenn wir noch sündigen? Das Buch fährt mit ähnlich verdrehten Vorstellungen fort, die teilweise biblisch klingen, teilweise aber rein menschliche Erkenntnisse darstellen. Wenn Sie sich fragen, ob dieses Buch nicht doch zur Bibel gehören könnte, dann lesen Sie es doch einfach!

Das Thomasevangelium

Das Thomasevangelium ist eine kurze Schrift, die vorgibt, von Thomas, dem Jesusjünger geschrieben zu sein. Obwohl das Buch in gewissen Kreisen beliebt war, haben es die Kirchenväter einmütig abgelehnt. Eusebius von Caesarea sagte, dass es »als absurd und gottlos beiseite geworfen werden sollte.« Einige Menschen verwirrt allerdings die Tatsache, dass sich dort einige echte Jesuszitate finden, doch sind sie mit gnostischen Lehren vermischt, d. h. mit sogenanntem »Geheimwissen«, das nur die Erleuchteten verstehen können.

Hier ein Beispiel: Jesus sagt: »Wer immer diese Sprüche auslegen kann, wird den Tod nicht erleiden.« Dann fährt er fort:

> Wer sucht, soll weitersuchen, bis er findet. Wenn er findet, wird er bestürzt werden. Wenn er bestürzt wird, wird er erstaunen, und er wird über alle herrschen.

Wollen Sie mehr hören?

> Wenn du aus zweien eins machst, und wenn du das Innere wie das Äußere und das Äußere wie das Innere machst und das Obere wie das Untere, und wenn du das Männliche und das Weibliche eins und dasselbe machst, so dass männlich nicht mehr männlich und weiblich nicht mehr weiblich ist; und wenn du Augen anstelle eines Auges hast und eine Hand anstelle einer Hand und einen Fuß anstelle eines Fußes und ein Bild anstelle eines Bildes, dann wirst du [ins Reich] kommen.

Genug gesagt.

Der biblische Kanon ist eindeutig abgeschlossen. Kein anderes existierendes Buch hat die Glaubwürdigkeit, um in den Kanon aufgenommen zu werden, und keinem Buch im Kanon kann der Respekt als Wort Gottes verweigert werden. Sicherlich hat Gott selbst den Sammlungsprozeß geleitet, so dass wir sicher sein können, dass wir seine geschriebene Offenbarung an uns in Händen halten.

»Alle Rede Gottes ist geläutert. Ein Schild ist er denen, die bei ihm ihre Zuflucht suchen. *Füge zu seinen Worten nichts hinzu, damit er dich nicht überführt und du als Lügner dastehst!«* (Spr 30,5-6; Hervorhebung vom Autor)

Anmerkungen

1 Stephen K. Ray, *Crossing the Tiber*. San Francisco: Ignatius 1997, S. 54.

2 Ebd. S. 55.

3 Norman Geisler; William E. Nix, *A General Introduction to the Bible*. Chicago: Moody 1986, S. 420.430.

4 Ebd. S. 430.
5 *Sola Scriptura! The Protestant Position on the Bible*. Hrsg.: Don Kistler. Morgan, Pa: Soli Deo Gloria Publications 1995, S. 19.
6 Ebd. S. 11.
7 Ebd. S. 177.
8 Ebd. S. 12.
9 Ebd. S. 14.
10 Ebd. S. 14-15.
11 Geisler, Nix, *A General Introduction to the Bible.* S. 267, 272.
12 Ebd. S. 269.
13 Ebd. S. 269.
14 Ebd. S. 271, 275.
15 Ebd. S. 271.
16 Ebd.
17 Ebd. S. 272.
18 Frank Crane, *The Lost Books of The Bible*. New York: Bell 1979.
19 Vergleichen Sie dazu die Diskussion in: »Books That Almost Made It«, *Christian History* Bd. 13, Nr. 3 (Ausgabe 43), S. 30-31.

Der siebte Grund

Ganz persönlich – die Macht des Wortes

Stellen Sie sich vor, sie wären auf einer schlecht beleuchteten Straße in einem Aufstand mitten in Los Angeles gestrandet. Sie fahren versehentlich über ein scharfes Metallstück und zwei ihrer Reifen sind platt. Während Sie noch über ihren nächsten Schritt nachdenken, quillt ein Dutzend junger Männer aus einem nahegelegenen Gebäude und kommt auf Sie zu. Sie sehen sich schon aus dem Wagen gezerrt, beraubt und zusammengeschlagen. Oder Schlimmeres.

Welch ein Unterschied wäre es, wenn Sie entdecken würden, dass diese Männer auf dem Weg nach Hause von einer Bibelstunde sind? Solche Nachrichten würden sogar einen Atheisten beruhigen. Wenn wir also die ganze Sache durchdenken, bemerken wir, dass einer der Hauptgründe für den Glauben, dass die Bibel das Wort Gottes ist, dass sie echte Macht hat. »Ist mein Wort nicht brennend wie Feuer, spricht der Herr, und wie ein Hammer, der Felsen zerschmettert?« (Jer 23,29). Das bedeutet nicht, dass Menschen sich dem Wort Gottes nicht widersetzen könnten. Das tun sie ja schließlich ständig, und oft verkündigen sie es noch großartig. Wir haben schon erfahren, dass die Bibel das Ziel ständiger Kritik und boshaftester Angriffe ist. Doch bezeugen Millionen, welche die Botschaft der Bibel angenommen haben, voller Freude ihre verändernde Kraft.

Ein ärgerlicher junger Mann stand am Ende des Zuges und warf die Bibel, die seine Mutter ihm mitgegeben hatte, so weit wie möglich weg. Doch Monate später kam er wieder und bereute, dass er Gottes Wort so misshandelt hatte. Er erfuhr, dass die beschädigte Bibel einem Kind in die Hände geraten war, das sich daraufhin bekehrte. Beide trafen sich als Geschwister im Herrn, der eine als Gläubiger, der Buße getan hatte, der andere als neubekehrter Zwölfjähriger. Welches andere Buch kann das Herz eines zornigen Mannes erweichen und ein Kind bekehren? Nur die Bibel.

Ihr Respekt vor Gott kann an Ihrem Respekt vor der Bibel gemessen werden. Die Bibel ist natürlich nicht Gott, und wir beten auch nicht ein Buch an. Doch wir sehen ihre Botschaft als Gottes Brief an uns an. Wenn die Bibel geöffnet wird, spricht Gott, wenn sie geschlossen wird, hört er auf zu reden.

Und wenn er spricht, dann fangen wir an, uns selbst zu sehen, wie wir sind.

Die Bibel: ein zweischneidiges Schwert

Es sollte uns nicht überraschen, dass das Wort Gottes mit einem Schwert verglichen wird. Die römischen Schwerter hatten zwei Schneiden, gleich wie man sie hielt, sie schnitten immer. Gott benutzt sein Schwert nicht dazu, um Menschen zu töten, sondern um sie zu verwunden, damit er selbst sie heilen kann. Hier sehen wir, wie Gottes Werk wirkt.

Gott gab seinem Volk Israel sein Wort, doch manchmal hat dem Volk das nichts genutzt. Es nutzte deshalb nichts, weil es nicht »mit Glauben verbunden« war (Hebr 4,2). Deshalb hat der Verfasser des Hebräerbriefes uns eine Warnung geschrieben, dass es nicht auch uns passiert, dass die gute Botschaft, die Gott seinem Volk gegeben hat, bei uns nichts fruchtet.

In diesem Zusammenhang finden wir eine der stärksten Aussagen über die Macht der Bibel. In der Tat, was das Wort tut, tut Gott selbst.

> Denn das Wort Gottes ist lebendig und wirksam und schärfer als jedes zweischneidige Schwert und durchdringend bis zur Scheidung von Seele und Geist, sowohl der Gelenke als auch des Markes, und ein Richter der Gedanken und Gesinnungen des Herzens; und kein Geschöpf ist vor ihm unsichtbar, sondern alles bloß und aufgedeckt vor den Augen dessen, mit dem wir es zu tun haben. (Hebr 4,12-13)

Lassen Sie uns diese Verse genauer analysieren.

Das Wort Gottes ist »lebendig«, d. h. es handelt sich nicht nur um Worte auf Papier. Es sind *Gottes Worte*, die auf dem Papier stehen, die Botschaft kommt in der Autorität Gottes. Wo immer das Wort Gottes ist, ist der Heilige Geist anwesend, um die Worte treffen zu lassen, sie mit Leben zu füllen.

Das Wort Gottes ist »wirksam«, d. h. es hat wirkliche Macht. Wir haben erfahren, dass es Menschen bekehren kann, wir sind »wiedergeboren nicht aus vergänglichem Samen, sondern aus unvergänglichem durch das lebendige und bleibende Wort Gottes (1Petr 1,23). Wenn das Wort wirkt, handelt Gott.

Das Wort schneidet uns auf

Die Bibel ist in einer Hinsicht anders als andere zweischneidige Schwerter: Sie ist schärfer, als diese jemals sein könnten. Im Griechischen steht hier das Wort *tomoteros*, das von *temno* kommt, was »schneiden« bedeutet. Hier haben wir die Sprache der Chirurgen, die Sprache des Sezierens.

Das Wort »durchdringend« lautet auf Griechisch *diikneomai*, was soviel wie »hindurchgehen« bedeutet. Das Wort Gottes *trennt* die Seele nicht vom Geist, sondern *durchdringt* sowohl Seele als auch Geist. Mit anderen Worten, es reicht bis in unser Innerstes und legt es bloß.

Dieser Vers lehrt nicht, dass Seele und Geist getrennt werden könnten (diese Frage muss anhand anderer Bibelstellen geklärt werden). Denn auch »Gelenke« und »Mark« können nicht voneinander getrennt werden, denn im menschlichen Leib grenzen sie nicht aneinander, deshalb können wir auch nicht davon sprechen, dass ein Schwert oder ein Messer sie trennen könnte. Es geht in diesem Abschnitt darum, dass sowohl die Gelenke in sich als auch das Mark in sich geteilt werden. Die Vorstellung hier ist, dass das Wort Gottes »bis auf den Knochen« schneidet.

Kenneth S. Wuest zitiert Vincent, der gesagt hat: »Wir haben es hier mit einem poetischen Ausdruck zu tun, der uns sagt, dass das Wort bis in die verborgensten Kammern unseres geistlichen Lebens dringt, wie ein Schwert durch Mark und Gelenke schneidet. Die Trennung betrifft nicht eins vom anderen, sondern in jedem Bereich des geistlichen Wesens.«[1] Das Wort Gottes durchdringt Seele und Geist, es trennt Gelenke und schneidet Mark. Es macht vor nichts halt, bis es die Wahrheit herausgefunden hat. Angesichts dieses Buches gibt es keinerlei Verstellung.

Das Wort Gottes ist auch »ein Richter der Gedanken und Gesinnungen des Herzens.« *Richten* heißt, auszusieben, und Beweise zu analysieren. Das Wort Gottes sitzt zu Gericht über alle Aktivitäten der Seele und des Geistes. Es trennt die schlechten von den guten Motiven, es unterscheidet zwischen Geist und Fleisch.

Das Wort beurteilt auch unsere »Gedanken«, d. h. alles, worüber wir nachdenken, unsere Reflexionen: Was wir denken, wenn wir auf der Autobahn fahren, was wir über andere Menschen denken, ob dies gut oder schlecht ist. Tausende von Gedanken gehen uns täglich durch den Kopf. Das Wort Gottes beobachtet diese Gedankengänge in jedem Augenblick.

Nicht nur unsere Gedanken, sondern auch unsere »Gesinnungen« oder Absichten werden beurteilt. Das bezieht sich auf die Ursache unserer Gedanken, die Erlebnisse der Vergangenheit und auch die Absichten für die Zukunft sind gleich bekannt. Wuest übersetzt diesen letzten Abschnitt so, dass das Wort Gottes »ein Sichter und Analysierer der Überlegungen und Erkenntnisse des Herzens ist.«[2]

Sie und ich sind von unserem Wesen her unehrlich. Wir alle haben ein sorgfältig behütetes Verteidigungssystem, das uns davon abhält, uns zu sehen, wie wir wirklich sind. Wir produzieren ein Image, von dem wir wollen, dass andere es glauben, und wir wollen es selbst auch glauben.

Überlegen Sie einmal, was das Wort Gottes alles zu überwinden hat, selbst wenn wir bereit sind, uns selbst im Licht der Wahrheit zu sehen. Unser Problem ist, dass wir unser echtes Ich vor uns selbst verbergen. Wir versuchen sicher zu gehen, dass niemand weiß, wer wir wirklich sind. Wir leben in einer geheimen Welt, die wir sorgfältig vor jedem neugierigen Auge verbergen. Sicherlich würde nicht einer von uns wollen, dass unsere privaten Überlegungen, Ziele und Absichten veröffentlicht würden. Es ist einmal gesagt worden, dass wir alle auf eine verlassene Insel fliehen würden, wenn unsere Gedanken für andere sichtbar würden.

Dieses Verteidigungssystem wird durch tausend Entschuldigungen aufrecht erhalten, die uns erklären, warum wir etwas tun und warum wir so denken wie wir denken. Auf diese Art und Weise machen wir unser Leben erträglich. Wir können so die Stimme des Gewissens zum Verstummen bringen, indem wir einem sorgfältig ausgefeilten Skript gehorchen. Und wir sind im Geheimen befriedigt, wenn Menschen glauben, dass wir besser sind, als wir selbst von uns annehmen.

Das Wort Gottes durchdringt unser psychisches Radarsystem und durchbricht unsere Verteidigungsmechanismen. Es trennt die guten Gedanken von den verdorbenen, es unterscheidet Motive des Herzens und des Verstandes. Es legt alles bloß. Wieder wird Vincent zitiert: »Das Wort Gottes hat eine durchschneidende und durchdringende Qualität. Es legt den Selbstbetrug und die moralischen Sophistereien bloß.«[3]

Paulus sagte, dass er nicht erkannt hätte, was Sünde ist, wenn er das Gesetz nicht gehabt hätte. »Aber die Sünde hätte ich nicht erkannt als nur durch Gesetz. Denn auch von der Lust hätte ich nichts gewusst, wenn nicht das Gesetz gesagt hätte: ›Lass dich nicht gelüsten‹« (Röm 7,7). Ohne eine solche Offenbarung hätte er sich entschuldigt, sie in seinen Lebensstil integriert und hätte in seinen Taten und Gedanken nichts Falsches erblickt. Doch das Gesetz kam, seine Sünde wurde ihm gezeigt und er erkannte, dass er einen Erlöser braucht.

Was wir nicht von selbst können, tut das Wort Gottes für uns. Wir können unser Leben ohne einen göttlichen Maßstab, der alles ins rechte Licht rückt, nicht wirklich beurteilen. Nur die Bibel kann uns zeigen, wer wir wirklich sind, und nicht, was wir uns zu sein wünschen.

Aber es geht noch weiter.

Das Wort legt uns bloß

Stellen Sie sich vor, dass vor uns eine Leiche liegt, wo jede Sehne, jeder Nerv und jeder Knochen und das ganze Fleisch bloßgelegt ist. Der Verfasser fährt fort: »Und kein Geschöpf ist vor ihm unsichtbar, sondern alles bloß und aufgedeckt vor den Augen dessen, mit dem wir es zu tun haben« (Hebr 4,13).

Lassen Sie uns nicht den Zusammenhang zwischen diesen beiden Versen übersehen! Der Verfasser des Hebräerbriefes geht mühelos von Gottes *gesprochenem* Wort zu Gottes *eingeborenem* Wort (Jesus) über. Offensichtlich will er, dass wir verstehen, dass wir vor den Augen Jesu bloßgelegt werden. Das Wort Gottes offenbart wie ein Röntgenbild, wer wir wirklich sind, und Jesus untersucht diese Bilder ganz genau und findet jeden Flecken.

Um es anders auszudrücken: Wir liegen auf Gottes Seziertisch. Das Wort Gottes hat Echtes von Unechtem getrennt, das Richtige vom Falschen, das Reine vom Unreinen. Bei der geistlichen Autopsie gibt es, bildlich gesprochen, hier einen Tumor, da eine kranke Zelle, und dort einen Knochen mit einem Haarriss. Jeder Wunsch, jede mentale und emotionale Komponente wird seziert, bis die letzte Wahrheit ans Licht gebracht ist.

Solange wir uns mit anderen vergleichen, können wir zu dem Schluss kommen, dass wir gar nicht so schlecht sind. Es ist immer einfach, jemanden zu finden, der schlechter ist als wir selbst: Schauen Sie sich nur um und Sie finden sicher jemanden, durch den Sie sich wieder besser fühlen können, wenn Sie sich mit ihm vergleichen. Doch wenn wir geistlich in Gottes Sezierraum untersucht werden, dann sind wir nur ihm eine Antwort schuldig und niemandem sonst.

Freud hatte recht, als er lehrte, dass es in uns einen dunklen unbewussten Bereich gibt, mit dem wir uns nicht auseinander setzen wollen. Wir haben immer diese Schwäche für den Selbstbetrug, ein Bestreben uns zu schützen und unser Handeln vor uns selbst zu rechtfertigen. Das alte Sprichwort enthält einiges an Wahrheit, dass der Unterschied zwischen einem Bergmann und einem Psychologen der folgende ist: Der Psychologe geht tiefer, bleibt länger unten und kommt schmutziger wieder heraus.

Jeder von uns hat Schlangen, die sich auf dem Grunde

seines Herzens winden, die jederzeit zum Zupacken bereit sind. Wir alle wissen, dass wir tief in unserem Inneren fähig sind, dumm und gewalttätig zu handeln. Große Männer haben schlimme Sünden getan. Und Gott sieht uns so wie wir sind: unsere Fähigkeit, Gutes zu tun, aber auch unsere Fähigkeit, Böses zu tun. Er sieht das Bewusstsein, aber auch das Unterbewusstsein.

Gott zeigt uns so viel von uns selbst, wie wir ertragen können. Bis wir ihm gegenüberstehen, sind andere Menschen unser Vergleichsmaßstab. Unser Bezugsrahmen ist der Erfolg, unsere guten Taten. Doch in der Gegenwart Gottes zählt nur, was er denkt. Schließlich werden wir in die Lage versetzt, die deprimierende Tatsache anzuerkennen, dass wir hoffnungslose Fälle sind, wenn Gott nicht eingreift.

Vor unserer Begegnung mit Gott waren wir wie Saddam Hussein, der seine Chemiewaffen von einem Stützpunkt an einen anderen verlagert hat, um zu versuchen, den Inspektoren der Vereinten Nationen einen Schritt voraus zu bleiben. Genauso versuchen wir unsere Sünden vor Gott zu verstecken, bis er sein Wort benutzt, um unsere verbarrikadierten Türen zu öffnen, unsere Stützpunkte zu betreten und die verborgenen Räume unseres Herzens und unseres Verstandes zu entdecken. Diese Dinge verbergen wir sorgfältig, diese Entschuldigungen, die wir so genau ausgeklügelt haben, werden plötzlich offengelegt, wenn wir »bloß und aufgedeckt vor den Augen dessen« sind, »mit dem wir es zu tun haben« (Hebr 4,13).

Dr. Alan Redpath, in den sechziger Jahren Pastor der Moody-Gemeinde, predigte oft, dass man sich Jesus unterwerfen solle und ermahnte seine Gemeinde, den Glauben zu haben, um die Fülle des Heiligen Geistes zu empfangen. Oft ermahnte er die Gemeinde (wie es die meisten Prediger tun), geheiligter, hingegebener und reiner zu werden.

Jahre später hatte er einen Schlaganfall und während seiner Genesungszeit offenbarten sich ihm seine Sünden, Sünden, von denen er angenommen hatte, dass sie nicht mehr zu seinem Leben gehören würden. »Sündhafte Gedanken, Versuchung zu Unreinheit, schlechte Ausdrücke waren alles erschütternde Erfahrungen dieser Tage.« Seine Verzweiflung war so groß, dass er sich wünschte, sterben zu können und in den Himmel zu kommen. Doch Gott schien ihm sagen zu wollen: »Ich möchte dich durch mich ersetzen, wenn du mir nur erlauben willst, in dir Gott zu sein. Du sollst zugeben, dass du ein totaler Versager bist, und *dass das einzig Gute an Alan Redpath Jesus selbst ist.*«

Lange nach seiner Genesung lud ich ihn ein, zur Moody-Gemeinde zurückzukommen. Als er dort predigte, bat er praktisch die Gemeinde dafür um Vergebung, dass er Predigten gehalten habe, an die er sich selbst nicht gehalten habe! Ich muss mich selbst ebenso schuldig bekennen. Auch ich habe Predigten gehalten, an die ich mich nicht selbst gehalten habe. Ja, ich bin dabei zu lernen, dass »das einzig Gute an Erwin Lutzer Jesus Christus ist.« Ich hoffe dies zu lernen, ehe ich einen Schlaganfall oder Krebs bekommen muss. Wir sind wahrscheinlich nie heiliger als in dem Augenblick, wenn wir mit Paulus sprechen: »In mir, das ist in meinem Fleisch, wohnt nichts Gutes« (Röm 7,18).

Der Grund, warum sich Pastor Redpath seiner Sünden bewusst wurde, und warum auch wir uns unserer Sünden bewusst werden können, ist, dass das Wort an unserem Leben arbeitet. Ohne das Wort könnten wir uns selbst rechtfertigen und wenn wir uns mit anderen vergleichen würden, würden wir sterben, indem wir uns selbst dazu gratulieren, was für ein gutes Leben wir geführt haben.

Du hast die ganze Zeit nicht von dir selbst geredet! gratulierte ich mir selbst, als ich diese Woche ein Mittagessen verließ. Ich hatte meine Zeit damit verbracht, nach anderen zu fragen, nach ihrem Leben, ihrer Berufung und ihren Problemen. Während ich mir Gedanken über meine Demut machte, wurde ich an den Vers aus den Sprüchen erinnert: »Sechs Dinge sind es, die dem Herrn verhasst sind, und sieben sind seiner Seele ein Gräuel: Stolze Augen ... (Spr 6,16-17). Ich musste lachen, als ich merkte, wie stolz ich auf meine eigene Demut war!

Sie finden so etwas trivial, nicht wahr? Ja, es mag trivial sein, aber nur, bis wir Gott begegnen!

Das Wort heilt uns

Unser natürliches Wesen lässt uns vor jemandem weglaufen, der zu viel über uns weiß. Doch obwohl Gott alles über uns weiß, was es nur zu wissen gibt, haben wir kein Versteck. Und doch lässt Gott uns nicht hilflos auf dem Operationstisch zurück. Durch sein Wort zeigt er uns, was er sieht, und zwar nicht, damit wir *vor* ihm fliehen, sondern *zu* ihm fliehen. Er möchte, dass wir zu seiner Gnade und Vergebung fliehen.

Nach diesem Abschnitt über Gottes Wissen über uns schreibt der Verfasser des Hebräerbriefes: »Lasst uns nun mit Freimütigkeit hinzutreten zum Thron der Gnade, damit wir Barmherzigkeit empfangen und Gnade finden zur rechtzeitigen Hilfe« (4,16). Wer weiß, wie schlecht er dran ist, hat eine bessere Heilungschance als diejenigen, die ihre Verletzungen als unwichtig abtun.

Gordios hat einen Knoten von solcher Komplexität und Festigkeit geknüpft, dass niemand ihn lösen konnte. Doch Alexander kam, zu weise zu versuchen ihn aufzuknoten, und zerschlug ihn mit seinem Schwert. Gottes Schwert ist genauso in der Lage, die Knoten unseres Lebens aufzulösen, die wir mit unserer eigenen Sünde geknotet haben, wie die, mit denen andere uns binden wollen. Doch zuerst müssen wir davon überzeugt sein, dass unsere Lage vollkommen hoffnungslos ist, wenn wir nicht Gottes Gnade in Anspruch nehmen.

Unser Problem ist, dass wir lieber Vitaminpillen statt ein Skalpell hätten. Wir hätten lieber Chemotherapie statt einen chirurgischen Eingriff. Wir wollen Heilung ohne Schnitte, die Freude ohne Leid. Doch Gott gibt uns beides. Denn je gründlicher unsere Buße ist, desto mehr Gnade kann er uns schenken. Je hilfloser wir uns selbst vorkommen, desto hilfreicher wird Gott für uns. Die Operation kommt vor der Genesung.

Nehmen Sie dieses Trostwort an: »Seht nun, dass ich, ich es bin und kein Gott neben mir ist! Ich, ich töte und mache lebendig, ich zerschlage und ich, ich heile; und des gibt keinen, der aus meiner Hand rettet!« (5Mo 32,39). Gott verwundet, um uns zu heilen, er macht Schnitte, die er wieder nähen will. Von Israel lesen wir: »Er sandte sein Wort und heilte sie, er rettete sie aus ihren Gruben« (Psalm 107,20). Sein Wort tut das Werk.

»Er heilt die zerbrochenen Herzens sind, er verbindet ihre Wunden« (Ps 147,3). Die Verheißungen Gottes sind die Pflaster, die er benutzt, um die Wunden der Seele zu heilen.

Gott tut dies durch Offenbarung: Wir sehen uns selbst, weil wir Gott sehen.

Kurz vor seinem Tode sagte John Wesley:

> Ich bin wie eine Eintagsfliege, ich eile durch das Leben wie ein Pfeil durch die Luft. In ein paar Monaten werde ich nicht mehr hier sein, und in eine unveränderliche Ewigkeit fallen – auf den Weg zum Himmel. Gott selbst hat sich herabgelassen, uns den Weg zu lehren und es in einem Buch niedergeschreiben. Geben Sie mir dieses Buch – *geben Sie mir dieses Buch um jedem Preis*!

Wenn wir das Wort in unserem Leben regieren lassen, dann lassen wir Gott darin regieren. »Du hast dein Wort groß gemacht über deinen ganzen Namen« (Ps 138,2).

Wir sollten nicht erstaunt sein zu erfahren, dass die Bibel einige Eigenschaften hat, die Gott selbst auch hat. Manchmal wird sie beschrieben als Täter dessen, was Gott tut, oder sogar als Inhaber einiger seiner Attribute.

Gott ist Licht, und auch die Bibel ist Licht. »Eine Leuchte für meinen Fuß ist dein Wort, ein Licht für meinen Pfad« (Ps 119,105). Als Kind führte uns das Licht der Laterne meines Vaters, wenn wir den Weg vom Haus zum Schuppen und von dort aus zur Garage oder auf die Weide gingen. Wir hatten genug Licht für ein paar Schritte, dann für ein paar mehr, und so ging es weiter. Gottes Wort ist genauso – es gibt uns die Führung, die wir im Moment brauchen. Die Zehn Gebote sind wie Laternen, die uns davon abhalten, im Graben zu landen. Und die anderen Grundsätze und Verheißungen helfen uns, Gottes Gegenwart zu erfahren und in Situationen angemessene Anweisungen zu erhalten.

Andere Ähnlichkeiten zwischen Gott und der Bibel finden sich in Psalm 19. Dort sehen wir die Einheit zwischen Gottes geschaffenem und Gottes geschriebenem Wort. Die Natur berichtet uns von Gottes Herrlichkeit und Macht, doch sagt sie uns nichts von seiner Liebe und Gnade. Die Natur ist ja sogar gefallen, deshalb ist sie in vieler Hinsicht Gott gar nicht ähnlich.

Die Schrift ist genauer als die Natur je sein kann, nicht nur, weil Sprache präziser ist, sondern weil die Schrift irrtumslos ist. Die Behauptungen, die David über die Bibel anstellt, sind erstaunlich. Wenn die Bibel unrecht hat, dann ist sie die gefährlichste Fälschung der Welt, wenn sie recht hat, können wir uns freuen, dass wir ein Wort Gottes haben, das uns auf allen Pfaden unseres Lebens führen kann.

Ähnlichkeiten zwischen der Bibel und Gott

In Psalm 19 gibt es sechs Eigenschaftswörter, die sich auf die Bibel beziehen, die aber auch auf Gott zutreffen. Lesen Sie diese in Ihrer eigenen Bibel und unterstreichen sie jedes. Sie werden überrascht sein über solche hochgegriffenen Ansprüche, die das Vertrauen stärken, dass die Bibel wirklich Gottes Wort ist.

Vollkommenheit

»Das Gesetz des Herrn ist vollkommen und erquickt die Seele« (V. 8). Vollkommenheit ist eine Eigenschaft Gottes. Er ist der Maßstab dafür, was Vollkommenheit wirklich ist. Nur ein Buch mit solch einer Vollmacht kann »die Seele erquicken.« Die Bibel erforscht auch unser Inneres, das sonst niemand sieht, sie bringt uns zur Besinnung – und zurück zu Gott.

Das Wort Gottes erquickt uns nicht nur, sondern es rettet uns sogar. Wenn Gott uns bekehrt, dann durch die Macht seines Wortes: »Denn ihr seid wiedergeboren nicht aus vergänglichem Samen, sondern aus unvergänglichem durch das lebendige und bleibende Wort Gottes. ›Denn alles Fleisch ist wie Gras und seine Blume ist abgefallen; aber das Wort des Herrn bleibt in Ewigkeit‹« (1Petr 1,23-25). Jakobus stimmt dem zu: »Nach seinem Willen hat er uns durch das Wort der Wahrheit geboren, damit wir gewissermaßen eine Erstlingsfrucht *seiner* Geschöpfe seien« (Jak 1,18).

Der Geist Gottes gewährt uns ein Wunder von Gott, indem er das Wort Gottes benutzt. Fast immer, wenn Menschen berichten, wie sie zum errettenden Glauben an Jesus fanden, zitieren sie einen Schriftvers, der dazu führte, dass sie die Wahrheit erkannten, oder sie geben die Botschaft des Evangeliums mit ihren eigenen Worten wieder. Jedenfalls hat das *Wort* Gottes, indem es den *Willen* Gottes weitergegeben hat, das *Werk* Gottes getan.

Zuverlässigkeit

»Das Zeugnis des Herrn ist zuverlässig und macht den Einfältigen weise« (V. 8). Das Wort zuverlässig heißt auch treu oder sicher. Als Ergebnis von Gottes Beständigkeit wird uns Wegweisung für unser Leben gegeben.

Heute benutzen wir das Wort »einfältig« in abwertender Weise, doch es bedeutet soviel wie jemand, den man leicht vom richtigen Weg wegführen kann. Wir alle lassen uns leicht verführen, wir können schnell und tief fallen. Wenn wir nahe beim Wort Gottes bleiben, dann bewahrt uns das vor törichten Entscheidungen. Gott ist zuverlässig, und sein Wort ist zuverlässig. Verlassen Sie sich darauf!

Gerechtigkeit

»Die Vorschriften des Herrn sind richtig und erfreuen das Herz« (V. 9). Das hebräische Wort »richtig« hat dieselbe Wurzel wie das Wort Gerechtigkeit, welche natürlich eine der wichtigsten Eigenschaften Gottes ist. Wir können dankbar sein, dass auch die Schrift richtig ist und uns einen Maßstab gibt, an dem wir unser Verhalten messen können. Richtig gesehen erfreuen diese Maßstäbe unser »Herz«.

Lauterkeit

»Das Gebot des Herrn ist lauter und erleuchtet die Augen« (V. 9). Wie der Gott, von dem sie spricht, ist die Bibel *lauter*, frei von den Verunreinigungen durch Irrtümer. Als Folge erleuchtet sie unseren wahren Zustand und zeigt uns den richtigen Weg. Hier ist Weisheit und Verständnis.

Heute suchen viele Menschen Erleuchtung durch »Bewusstseinserweiterung«, die sie durch Drogen oder Transzendentale Meditation zu erreichen suchen. Unglücklicherweise sind diese »Einsichten« oft widersprüchlich und sogar dämonisch. Die gute Nachricht lautet, dass wir es nicht nötig haben, uns unseren Weg in die transzendente Welt zu erzwingen, um dort nach Antworten zu suchen. Gott hat uns sein Wort gegeben, das uns alle Erleuchtung bringt, die wir nötig haben, wenn wir sie recht verstehen.

Reinheit

»Die Furcht des Herrn ist rein und besteht in Ewigkeit« (V. 10). Nur weil die Worte *Wort, Gebot* oder *Gesetz* hier nicht erwähnt werden, sollten wir nicht meinen, dass David nicht mehr von Gottes Wort spricht. Das Wort Furcht ist eindeutig ein Synonym für das Gesetz Gottes. Eine der Aufgaben des Gesetzes ist es, dass die Menschen »lernen sollen, ... mich zu fürchten all die Tage solange sie auf dem Erdboden leben und die sie ihre Kinder lehren sollen« (5Mo 4,10).

Das Gesetz Gottes ist rein, d. h. unvermischt mit Irrtum. Es zeigt auf vollkommene Weise Gott. Diejenigen, die seinen Anordnungen folgen, ehren etwas Ewiges. Hier finden wir also eine ewige Perspektive offenbart.

Wahrheit

»Die Rechtsbestimmungen des Herrn sind Wahrheit, sie sind gerecht allesamt« (V. 10). Gott ist der Maßstab für Wahrheit, nach welchem alle Belange beurteilt werden müssen. Diesen Maßstab finden wir im Gesetz Gottes.

Weil Davids Bibel nur die fünf Bücher Mose und ein paar andere historische Bücher umfasste, mögen wir uns fragen, wie er durch das Lesen dieser Schriften und das Nachdenken über sie gesegnet worden ist. Er lebte lange, ehe die

Propheten sowohl vom Gericht als auch von der Gnade Gottes berichtet haben. Er lebte viele Jahrhunderte, ehe das Neue Testament mit seinen erhabenen Wahrheiten und Verheißungen geschrieben wurde.

Doch trotz all dieser Beschränkungen sagte er von Gottes Vorschriften: »Sie ... sind köstlicher als Gold, ja viel gediegenes Gold und süßer als Honig und Honigseim. Auch wird dein Knecht durch sie gewarnt; in ihrer Befolgung liegt großer Lohn« (V. 11-12).

Und lange Zeit bevor Gott seine Gnade durch das Kommen Christi zeigte, lange, ehe der Heilige Geist zu einem neuen Dienst in der Gemeinde gesandt wurde, lange, ehe die Verheißungen von Römer 8 niedergeschrieben wurden, fand David das Gesetz Gottes süß und das Halten des Gesetzes überschüttete ihn mit »großem Lohn«.

Versuchen Sie einmal, den Investoren in der Wall Street zu erklären, dass Sie erkannt haben, dass die Bibel wertvoller als feines Gold ist! Angesichts der Verwirrung der Werte, die unsere Kultur durchdringt, klingen diese Worte so fremd und gar nicht zeitgemäß. Doch bleibt die Tatsache bestehen, dass die Menschen, die nichts als das Gesetz Gottes lieben, viel besser dran sind, als Menschen, die alles andere haben, aber das Gesetz Gottes ignorieren.

David schloss seinen Psalm, indem er das Gesetz auf sich selbst anwandte, und damit auch auf uns: »Verirrungen – wer bemerkt sie? Von den verborgenen Sünden sprich mich frei! Auch von Übermütigen halte deinen Knecht zurück, lass sie mich nicht beherrschen! Dann bin ich tadellos und bin rein von schwerem Vergehen. Lass die Reden meines Mundes wohlgefällig vor dir sein, Herr, mein Fels und mein Erlöser!« (V. 13-15).

In der Bibel werden wir mit einem Gott konfrontiert, der uns so unähnlich ist, dass wir auf die Knie fallen, um seine Vergebung und Gnade anzunehmen. Wir fordern ihn zu einer gründlichen Untersuchung auf. Wir sind gleichzeitig getroffen und getröstet, wir werden aufgeschnitten und geheilt. David fragte: »Verfehlungen – wer bemerkt sie?« (V. 13). Keiner von uns kennt die Tiefen der Sünde des eigenen Herzens. Doch, wie das Sprichwort lautet, der Gott, der uns am besten kennt, liebt uns auch am meisten.

»Auch von Übermütigen halte deinen Knecht zurück, lass sie mich nicht beherrschen« (V. 14). David betete, dass er keine solche absichtlichen Sünden begehen würde, solche, die ihn unweigerlich vernichten mussten. Nur durch Nachdenken über die Bibel wissen wir, was das für Sünden sind und wie man sie vermeiden kann. All diese Unterweisung geschieht nicht nur zu unserem Nutzen, sondern auch zu Gottes Ehre.

Das Wort Gottes ist für die Seele, was Essen für den Leib ist. Und die Bibel gibt uns eine vollständige Mahlzeit. Sie ist Milch und Fleisch, sie ist Brot, und als Nachtisch gibt es Honig. Die Bibel ist alles, was wir zur »Seelenernährung« brauchen.

Charles Spurgeon, ein englischer Prediger des 19. Jahrhunderts, schrieb:

> Nun, die Bibel hat mit mir gerungen, sie hat mich getroffen, sie hat mich getröstet, sie hat mir zugelächelt, sie hat die Stirne über mich gerunzelt, sie hat meine Hand ergriffen und mir das Herz erwärmt. Sie weint mit mir und singt mit mir, sie flüstert mir zu und predigt mir, sie zeigt mir den Weg und hält meinen Schritt zurück, sie ist der beste Kamerad für den jungen Mann, und sie ist noch immer mein Geistlicher für den Abend und den Morgen.[4]

Denken Sie an das Fazit: Die Bibel gibt den Charakter Gottes wieder. Deshalb treffen die Beschreibungen, die sie von sich selbst gibt, auch auf den Allmächtigen zu.

DENKANSTOß

Der Weg zur persönlichen Veränderung

Gott gab Josua ein Versprechen: »Dieses Buch des Gesetzes soll nicht von deinem Mund weichen, und du sollst Tag und Nacht darüber nachsinnen, damit du darauf achtest, nach alledem zu handeln, was darin geschrieben ist; denn dann wirst du auf deinen Wegen zum Ziel gelangen, und dann wirst du Erfolg haben« (Jos 1,8).

Hier eine andere Verheißung: Wer gesegnet ist, nimmt keinen Rat von Bösen an, »sondern hat seine Lust am Gesetz des Herrn und über sein Gesetz sinnt er Tag und Nacht. Er ist wie ein Baum, gepflanzt an Wasserbächen, der seine Frucht bringt zu seiner Zeit, und dessen Laub nicht verwelkt; alles, was er tut, gelingt ihm« (Ps 1,2-3).

Wenn wir die gewaltigen Auswirkungen der Bibel in unserem Leben erfahren wollen, dann müssen wir lernen, über ihre Lehren und Verheißungen nachzusinnen. Verschiedene Segnungen werden folgen. Erstens, Stabilität: »Er ist wie ein Baum, gepflanzt an Wasserbächen (V. 3). Wenn Sie sich diesen Baum vorstellen, bemerken Sie, dass er mitten in der Wüste die Merkmale des Lebens trägt. Genauso *gibt* das Wort Gottes dem Gläubigen Leben, und nun *erhält* es dieses Leben.

Gärtner sagen uns, dass das Wurzelsystem unter der Erde genauso groß ist wie der Baum über der Erde. Ein Baum, der seine Wurzeln direkt bei einem Bach hat, kann den Winden der Widerwärtigkeiten widerstehen. Menschen wundern sich, wie der Baum in der Wüste überleben kann, doch nur deshalb, weil er sich nahe bei der Oase befindet.

Als die Frau eines meiner Freunde an Krebs starb, nahm er diese Tragödie mit Ruhe und Frieden auf. Ich fragte ihn, wie er in der Lage war, mit dem Zorn und der Angst zurechtzukommen, die normalerweise in solch einer Situation auftreten. Er antwortete: »Ich habe die Bibel meiner Frau Kapitel für Kapitel vorgelesen. Dann kauften wir uns das Neue Testament auf Kassette, damit das Wort Gottes ständig bei uns zu hören war. Die Schrift hat die Bitterkeit und die Angst aus unseren Herzen vertrieben und uns Frieden gegeben.« Das ist echte Stabilität.

Zweitens werden wir *fruchtbar*. Dieser Baum »bringt seine Frucht zu seiner Zeit« (V. 3). Frucht ist ein Ausdruck des inneren Wesens. Sie brauchen kein Experte zu sein, um einen Orangenbaum zu erkennen – halten Sie nur nach Orangen Ausschau. Die Frucht, die Gott in unserem Leben wachsen lässt, ist der Ausdruck seiner inneren Natur: »Liebe, Freude, Friede, Langmut, Freundlichkeit, Güte, Treue, Sanftmut, Enthaltsamkeit (Gal 5,22-23). Früchte können nicht gemacht werden, sie können nur wachsen.

Zum Wachstum sind sowohl Sonnenschein als auch Dunkelheit nötig. Während des Tages bekommen die Bäume Energie aus dem Sonnenlicht, in der Nacht wird diese Energie umgewandelt und eingelagert, und der Baum hat Ruhe. Genauso brauchen wir Sonnenschein und Dunkelheit, Ermutigung genauso wie Leid. Jesus sagte, dass wir Frucht bringen können, die bleibt. D. h. wir können Frucht bringen, die wir in die Ewigkeit mitnehmen können.

Natürlich ist es nötig, den Baum zu beschneiden, um Frucht zu bekommen. Das scharfe Messer, das die Zweige und Blätter zurückschneidet, ist die Ursache dafür, dass die Energie in den Ast strömt. Denken Sie daran, dass Gott nicht in erster Linie will, dass wir glücklich sind, sondern dass wir wachsen.

Selbst wenn Trockenheit kommt, kann der Baum, der nahe am Bach gepflanzt ist, überleben. Wenn wir keine Arbeit haben, wenn wir ungerecht entlassen worden sind, wenn unsere Erwartungen zu Boden getreten werden – selbst dann können unsere Blätter grün bleiben.

Wie können wir ein solch gefestigtes Leben führen? Zwei Worte kommen mir in den Sinn, wenn ich an Bibelstudium denke. Eines ist *nachsinnen*, was auch so viel wie erwägen, nachdenken bedeutet. Wenn Sie einen Abschnitt der Bibel lesen, sollten Sie fragen: Was lehrt er mich über Gott? Was trägt er mir auf zu tun? Welchen Gedanken kann ich mit in den Tag nehmen? Wenn wir dem Text nicht ein paar Fragen stellen, kann es sein, dass wir die Bibel hinlegen und nicht mehr wissen, was wir gelesen haben.

In Europa kaufte ein Paar ein Schmuckkästchen, von dem es hieß, dass es die ganze Nacht leuchten würde. Doch als sie es auf ihre Kommode stellten, leuchtete es gar nicht. Sie fanden einen Freund, der Französisch lesen konnte und herausfand, dass in der Anleitung stand: »Stell mich tagsüber in die Sonne und ich werde die ganze Nacht leuchten.«

Zweitens müssen wir die Bibel *auswendig lernen*. Wir sind der Meinung, dass das unmöglich ist, doch natürlich können wir es. Wenn ich Ihnen ein paar hundert Mark für jeden Bibelvers bieten würde, den Sie auswendig lernten, würden Sie entdecken, dass Sie sehr schnell auswendig lernen würden. Gott verheißt uns nicht nur ein paar hundert Mark, sondern etwas weitaus besseres, nämlich ein gefestigtes, fruchtbares Leben.

Wenn Sie mit Ängsten kämpfen, dann lernen Sie Verse auswendig, die den Gläubigen des Friedens Gottes versichern. Wenn Sie ein Problem mit moralischer Unreinheit haben, dann lernen Sie Verse über das reine Herz auswendig. Wenn sie mit Schuld kämpfen, dann lernen Sie Verse, die uns die Vergebung Gottes zusprechen. Die Verheißung lautet, dass Menschen, die über Gottes Wort nachdenken, gesegnet werden. »Mit meinem ganzen Herzen habe ich dich gesucht. Lass mich nicht abirren von deinen Geboten! In meinem Herzen habe ich dein Wort verwahrt, damit ich nicht wider dich sündige« (Ps 119,10-11).

Heilige Bibel, göttliches Buch,
Kostbarer Schatz, du bist mein,
Mein, um mir zu sagen, woher ich kam,
Mein, um mich zu lehren, wer ich bin.

Mein, um mir von den künftigen Freuden zu künden
Und dem Schicksal der rebellischen Sünder
O du heiliges göttliches Buch
Du kostbarer Schatz, du bist mein.

(John Burton)

Anmerkungen

1 Kenneth S. Wuest, *Hebrews in the Greek New Testament* (Grand Rapids: Eerdmanns, 1948), S. 49.
2 Ebd., S. 87.
3 Ebd., S. 88,89.
4 Charles Spurgeon, »The Word a Sword«, in: *The Treasury of the Bible, The New Testament*, Band 4 (Reprint; Grand Rapids: Zondervan, 1962), S. 40.

Nur für Zweifler

Kürzlich sprach ich mit einem Mann, der mir erzählte, dass er nicht überzeugt sei, dass die Bibel das Wort Gottes wäre, obwohl er »an das meiste« glauben würde. Er konnte Teile der Bibel akzeptieren, wollte aber nicht an einige der Wunder glauben. Er zweifelte, ob die Verfasser der Schrift wirklich von ihren kulturellen Begrenzungen frei waren, als sie die Homosexualität verurteilten und lehrten, dass die Schöpfung in sechs Tagen geschehen sei. Wenn er glauben müsste, dass die Bibel von vorn bis hinten wörtlich inspiriert sei, dann könnte er »niemals Christ werden«.

Ich gab ihm diesen Ratschlag: Lese einmal das Neue Testament, insbesondere das Johannesevangelium, jeden Tag ein Kapitel. »Und ehe Sie die Bibel öffnen«, sagte ich ihm, »beten Sie und bitten Sie Gott, Ihnen zu zeigen, ob dies die Wahrheit ist oder nicht.«

Es ist noch zu früh zu entscheiden, ob er einmal Christ wird oder nicht, aber ich möchte hier nur festhalten, dass man nicht unbedingt die Bibel für das irrtumslose Wort Gottes halten muss, ehe man Christ werden kann. Dieser Mann wurde wie viele andere in einer religiösen Schule und einem strengen Elternhaus erzogen. Ein Teil seines Problems war, dass er gegen eine unterdrückerische Art des Christentums rebellierte, von dem er sich nun »befreit« fühlte. Ich ermutigte ihn, einmal ganz neu an die Bibel heranzugehen, ohne die Stereotypen, die eine so große Rolle in seiner Kindheit gespielt hatten.

Zweifel können gut sein, wenn sie uns dazu führen, die Wahrheit um jeden Preis erkennen zu wollen. Viele starke Gläubige bekennen, dass ihr Glaube einmal sehr schwach gewesen ist. Einige kamen zu Jesus und zitterten »unter innerer Zerrissenheit, mit vielen Zweifeln«, wie es in einem Lied heißt. Heute sind sie im Vertrauen gewachsen, dass Jesus der ist, der er behauptete zu sein, und dass ihr Leben sicher in Gottes Hand ruht. Sie glauben heute auch an die vollkommene Vertrauenswürdigkeit der Bibel.

Viele Menschen bekehren sich, bevor sie die Lehre von der Irrtumslosigkeit der Schrift verstehen. Wie ich schon vorher betont habe – sobald der Heilige Geist einem Menschen die Gabe der Umkehr schenkt und sie oder er »wiedergeboren« wird, folgt der Glaube an die Unfehlbarkeit der Bibel eigentlich von selbst. Wenn Gott mich retten kann, dann kann er ganz sicher die Wunder tun, die sich auf den Seiten der Bibel finden.

Faktische Zweifel sind Zweifel intellektueller Art. Genau wie mein Freund haben viele Menschen echte Fragen, ob die Bibel denn wahr sein kann.

Willentliche Zweifel sind viel schwieriger. Man kann die Wahl treffen, nicht zu glauben, und zwar meist aus moralischen Gründen. In diesem Falle werden intellektuelle Zweifel oft vorgeschoben, um eine grundsätzliche Weigerung zu verbergen, die Schrift ernsthaft zu untersuchen.

Gefühlsmäßige Zweifel haben Menschen, die von Ängsten, Depressionen oder Schuld gequält werden. Sie haben alle Hoffnung verloren, Frieden zu finden. Oftmals möchten solche Menschen glauben, doch ihre emotionale Lage erlaubt ihnen nicht die Freiheit, die Frage des Glaubens und der Beweise zu lösen. Wir haben alle diese Art Zweifel schon erlebt.

C. S. Lewis schrieb: »Unser Glaube an Jesus wankt nicht zu sehr, wenn echte Argumente gegen ihn streiten, als wenn er unwahrscheinlich *erscheint* – wenn die gesamte Welt diesen verlorenen *Anblick* bietet, der uns wirklich sehr viel mehr über unsere Gefühle verrät und sogar über unsere Verdauung, als über die Realität.«[1]

Wenn Sie merken, dass Sie gerne glauben würden, aber es nicht können, dann lassen Sie mich betonen, wie wichtig es ist, auf Jesus zu schauen. Wir können nichts Besseres tun, als unser Vertrauen auf ihn als den einen und alleinigen Retter zu stärken, auf den einen, der uns nicht betrügen wird.

J. B. Phillips, ein Londoner Pastor, den meisten bekannt als Mann, der die Bibel in flüssiges Englisch übertragen hat, schrieb ein Buch mit dem Titel »Der Ring der Wahrheit«. In diesem Buch erzählt er, was ihm geschah, als er entdeckte, dass Jesus alles war, was er nötig hatte. Seine Worte beschreiben sowohl seine Zweifel als auch die Entdeckungen eines Menschen auf der Suche nach der Wahrheit, der Realität.

> Nach einiger Zeit geschah es, dass die Figur Jesu immer klarer hervortrat, teilweise auf unerwartete Weise. Natürlich hatte ich einen tiefen Respekt, ja sogar eine große Verehrung für den konventionellen Jesus, den die Kirche verehrt. Doch ich war ganz und gar nicht auf den unkonventionellen Mann vorbereitet, der mir in den Evangelien offenbart wurde: Das war keine Strohpuppe, der aus den Vorstellungen hingegebener Nachfolger zusammengebastelt war. Dieser Mann Jesus, der so kurz beschrieben wird, wirkte so echt, manchmal erschreckend echt. Ich fing an zu verstehen, warum das religiöse Establishment dieser Zeit ihn um jeden Preis loswerden wollte. *Er war der plötzliche Tod für Stolz, Wichtigtuerei und Heuchelei.* (Hervorhebung vom Autor)[2]

Natürlich ist die wörtliche Inspiration der Bibel wichtig, denn die Glaubwürdigkeit der Bibel ist das Herzstück biblischer Lehre. Doch ein Skeptiker muss nicht an dieser Stelle anfangen. Er kann Jesus studieren, kann über ihn mit Offenheit lesen. Und Jesus wird der *plötzliche Tod für Stolz, Wichtigtuerei und Heuchelei* sein.

> Jesus antwortet: Wenn ich mich selbst ehre, so ist meine Ehre nichts; mein Vater ist es, der mich ehrt, von dem ihr sagt: Er ist unser Gott. Und ihr habt ihn nicht erkannt, ich aber kenne ihn; und wenn ich sagte: Ich kenne ihn nicht, so würde ich euch gleich sein: ein Lügner. Aber ich kenne ihn, und ich bewahre sein Wort. Abraham, euer Vater, frohlockte, dass er meinen Tag sehen sollte, und er sah ihn und freute sich.
>
> Da sprachen die Juden zu ihm: Du bist noch nicht fünfzig Jahre alt und hast Abraham gesehen?
>
> Jesus sprach zu ihnen: Wahrlich, wahrlich, ich sage euch: Ehe Abraham war, bin ich. (Johannes 8,54-58)

Wo sonst hören wir solche Worte?

Anmerkungen

1 C. S. Lewis, »Religion: Reality or Substitute?«, in: *Christian Reflections*, Hrsg. Walter Hooper (Grand Rapids: Eerdmanns, 1967), S. 42-43.

2 J. B. Phillips, *Ring of Truth* (London: Hodder & Stoughten, 1967), S. 47-48.

Sicher ins Ziel?

Wie kann ich wissen,
dass ich in den Himmel komme?

Taschenbuch, 192 Seiten
Best. Nr. 273157
DM/SFR 7,80; ÖS 58,00; EURO 3,99

Ist es möglich, dass man sicher weiß, wo man die Ewigkeit zubringen wird? In diesem Buch erklärt der bekannte Autor nicht nur, dass man es wissen kann, sondern dass man es wissen muss! Lutzer beantwortet unter anderem folgende Fragen: Warum betonte Jesus Christus, dass viele religiöse Menschen einmal vor verschlossenen Himmelstüren stehen werden? Wie vollkommen muss man sein, um in den Himmel zu kommen? Ist es vermessen, über seine ewige Zukunft Gewissheit zu haben? Sind Zweifel an der eigenen Errettung falsch? Wann sind Zweifel gut und wann sind sie falsch? Dieses Buch will jeden ansprechen und Orientierung geben, der Klarheit über seine Zukunft haben will.

Christliche Verlagsgesellschaft, Dillenburg